世にも至宝な博物館

後世に遺したい50のみらい遺産

丹治俊樹

The Wonder Museums TANJI's SELECTION

みらいPUBLISHING

北海道

苫前町郷土資料館

青森県

青函トンネル記念館

埼玉県

首都圏外郭放水路

東京都

旧日立航空機立川工場変電所

1976
1976
1977
1978
1978

1970

ウォーターバック
ライオンの子
ヌーの子
カバの子

まえがき

日本には、さまざまな場所に魅力的な博物館が存在する。それはまさに、「至宝」と呼ぶに相応しい。

その至宝な魅力にハマりにハマりまくった私が、足を運んだ博物館は、8年半で1100カ所以上になった。毎週毎週、博物館を探しては足を運び、展示物を鑑賞するのみならず館長、学芸員の方との交流を通してさまざまな物事を知っていくという日々。

そんな生活を続けているので、「どうして、そんなに博物館ばかり巡っているの?」と聞かれることも多々ある。自分でも何故なのかわからなくなることがあるのだが、結論としては、やはり博物館を通して多くのことを知ることができるから、そして学芸員の方や館長さんたちとの交流が楽しいからだと思う。とにかく、本当に楽しいのだ。

私が巡る博物館は、いわゆるフツーの博物館とはちょっと異なる。世間に馴染みのある国立博物館よりかは、一風変わったテーマを扱っていたり、ユニークな館長さんが出迎えてくれる個人博物館、といったたぐいの場所が多い。

フツーではないからこそ、「こんなスポットがあったのか!」という驚きもあるし、だからこそ多くの人に伝えたくなる。そういった中毒性が、フツーではない博物館には秘められているのだ。

さまざまなテーマの奥深さを知り、時には熱意溢れる館長さんと語り合うことで、世の中は思った以上に面白く、人の人生は本当にさまざまだと思い知らされる。人によっては、友だちと飲んだり、ゲームをしたり、温泉に入ったり、いろいろなことで日々のストレスを解消したり気分転換をすると思うのだが、私にとってのそれは、博物館に行くこと。

もはや博物館に行くことが生きがいになっており、博物館に人生を救われたといっても過言ではないかもしれない。

本書は、『世にも奇妙な博物館』の続編である。博物館マニアの私が、前回と同様に全国を駆けずり回り、多くの人に知っていただきたい、そして足を運んでいただきたいと心の底から思った博物館を取り上げている。

前回、55カ所ものコアで魅力的な博物館をまとめていたこともあり、まだ続編を出せるほどの場所が残っているだろうかと疑問に思ったものの、その心配は無用だった。日本は本当に広いもので、たくさんの博物館を訪問している私ですら知らなかった博物館がまだまだたくさんあった。

平日はシステムエンジニアとして働きつつも、土日休みや年末年始、ゴールデンウィークの期間を使い、北は北海道から南は沖縄まで、なんとか全国の博物館を取り上げることができた。

それゆえ、前回に劣らず、本書に登場する博物館も実にバリエーションに富んでいる。知られざる偉人、鉱山や縄文、さらには信仰、年縞《ねんこう》、瞽女《ごぜ》のような本当にユニークなテーマを扱っているところから、太平洋戦争、災害、海難事故にまつわる、涙なくしては語れない悲しい史実を扱っているところまで、どの博物館も後世に語り継がれていってほしい大切な博物館ばかりである。

だからこそ、多くの人に本書を通して博物館の存在を知っていただきたい。そして、本を読んで知っていただく以上に、足を運んでいただきたい。その場所の雰囲気を体感し、博物館の人たちと関わることで、思った以上の化学反応が生まれることがあるからだ。

ではでは、思う存分、コアで魅力的な博物館の世界に浸っていきましょう！

contents

関西

中国・四国

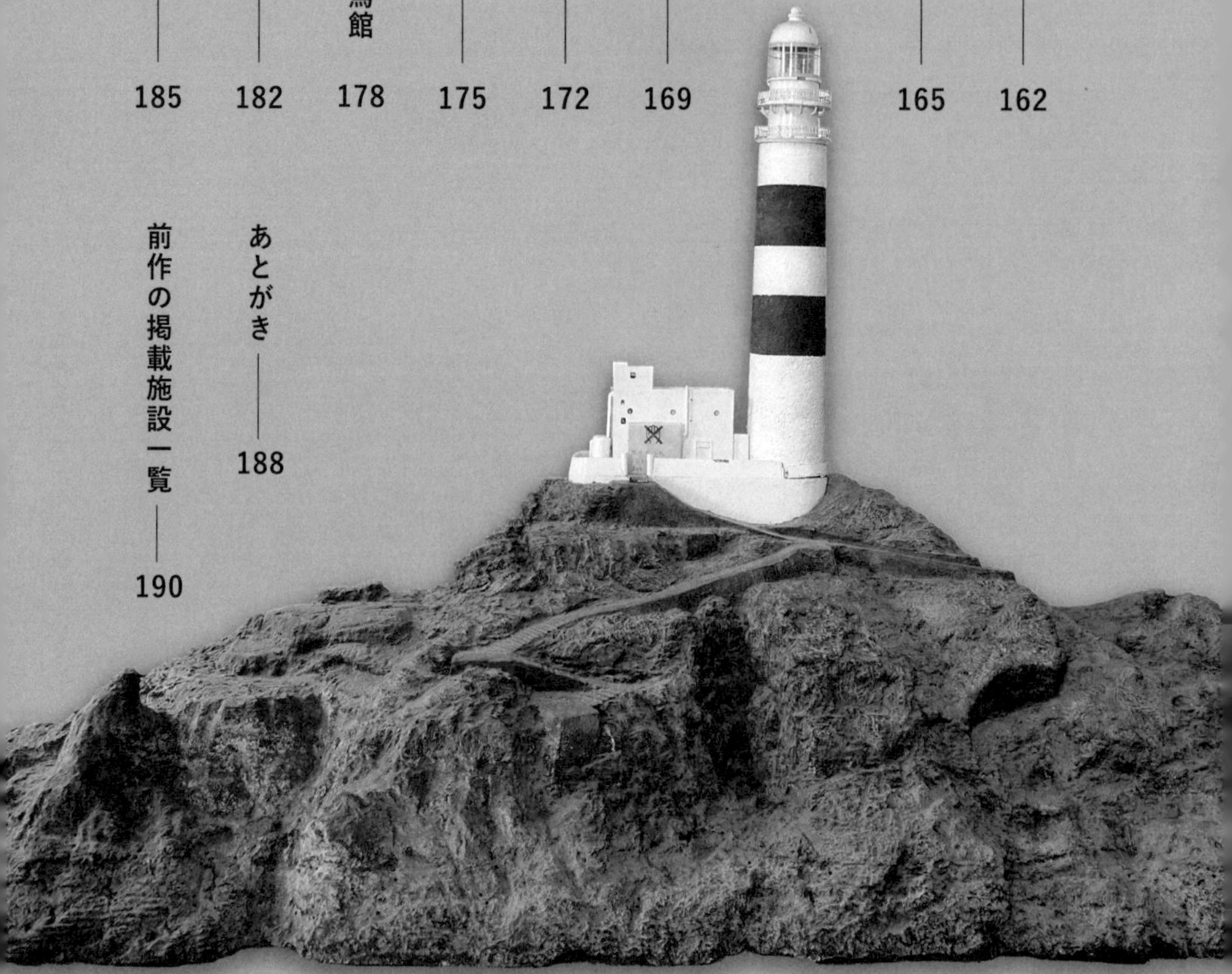

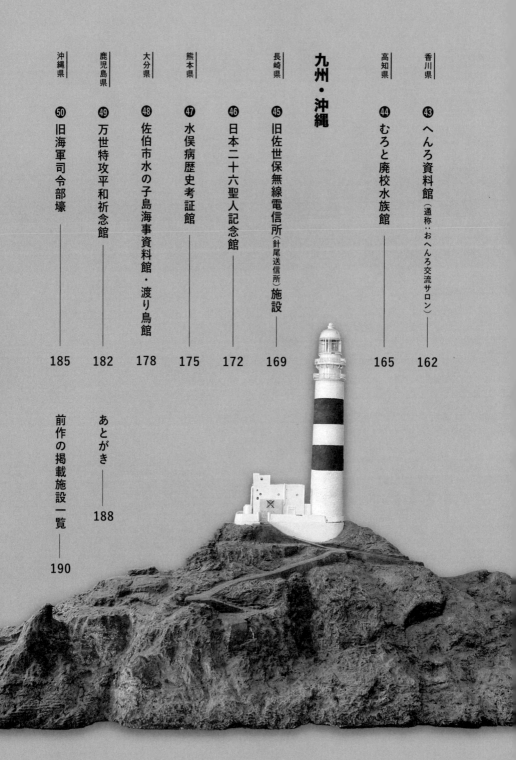

北海道・東北

北海道	❶ 三毛別ヒグマ事件復元地・苫前町郷土資料館
	❷ 北見ハッカ記念館
	❸ 月形樺戸博物館
青森県	❹ 青函トンネル記念館
	❺ 太宰治記念館「斜陽館」
岩手県	❻ 八幡平市松尾鉱山資料館
	❼ 深澤晟雄資料館
宮城県	❽ 震災遺構 仙台市立荒浜小学校
秋田県	❾ 小坂鉱山事務所
福島県	❿ 日中線記念館

北海道

01

三毛別ヒグマ事件復元地・苫前町郷土資料館

巨大クマが起こした悲劇！ 日本最大の獣害事件が復元された、北海道の奥地へ！

復元地に再現された開拓小屋。襲撃するヒグマの大きさと表情から、事件の恐ろしさが伝わってくる。

世界自然遺産に登録されている知床をはじめ、多くの自然が残る北海道。シカやキツネ、クマなどさまざまな野生動物が生息しており、とりわけクマによる獣害事件は甚大だ。中でも、日本史上最悪の大惨事となった事件がある。今から１００年以上も前の、大正4年12月9日から14日に発生した「三毛別ヒグマ事件」だ。

事件が起こったのは、北海道の北部に位置する苫前町。町の中心部から山奥へ続く道路を進むと、三毛別ヒグマ事件の様子を復元した場所が出現する。森の中にあり、周辺に民家はなくスマホの電波も届かない場所だ。復元地には、巨大なクマと小さな小屋、さらには事件の概要が書かれた看板などが立てられている。北海道の山奥という、いつクマが出てもおかしくない場所なだけに、訪問時はかなりハラハラした気持ちを抱くかもしれ

ない。

この事件を起こしたのは、身の丈2・7m、体重340kgにもなる一匹のクマだった。十分に飽食することができず、食料を求めてさまようちに降雪に見舞われ、冬ごもりの機会を逃したことによる焦りや苛立ちから凶暴になっていったそうだ。

事件が起こったのは、12月9日の午前のこと。空腹だったクマは、苫前町の開拓地にあった太田家に吊るされていたトウキビを食うために近づいた際、物音に驚いた二人の悲鳴に逆上して殺害。その翌日の晩には、殺害された二人の通夜を行っていた太田家、さらには近くの明景家を再度襲撃。明景家には付近の女、子ども10人が避難しており、彼らに襲いかかっていった。臨月の婦人にも襲いかかり、彼女は「腹破らんでくれ！」「のど喰って殺して！」と絶叫。身ごもっていた女性の腹を引

苫前町郷土資料館にも開拓小屋が再現されている。ヒグマが壁を突き破る、凄まじいインパクトを与える展示だ。

き裂き、ほかに撲殺した人々の遺体を食い荒らした。

二日間で7人が殺され3人が重傷を負わされた凄惨な事件だけに、住民たちは恐怖のどん底だった。救援隊、鉄砲撃ち、マタギたちが仕留めにかかるも、弾は当たらず、逃げられ続け、手の施しようがなかった。しかし足跡と血痕を辿り、最終的には熊撃ち名人として名高い老マタギ・山本兵吉（当時58歳）の銃弾によって、事件発生後6日目に終焉を迎えた。

復元地は解放されているため、いつでも訪問可能だ。事件を知らなかったとしても、事件の概要が書かれた看板、小屋の中にはさらに詳細な説明があるため、概要はすぐに把握できると思う。そして、小屋の隣にそびえ立つ巨大なクマの迫力は凄く、標的となった小屋は藁で作られたものにすぎないこともあり、住民たちは本当に恐怖だったことだろう。

三毛別ヒグマ事件に関する展示は、復元地から車で30分ほど離れた「苫前町郷土資料館」でも見ることができる。昭和3年に建てられた元役場庁舎には、苫前町の開拓からの歴史を伝える展示がある中、体重500キロ、身長2・43メートルにもなる日本最大のクマである北海太郎をはじめ、館内にはたくさんのクマの剥製が展示されている。

その中でも、クマに襲われた民家の復元は物凄いインパクトを放っている！壁を突き破ってくるクマの展示は、事件

小屋の中には、当時の生活風景が再現されている。藁で作られただけのため、冬はとても寒かっただろう。

を再現した模型であっても恐怖を感じるほどのリアルさ。剥製だけでなく、事件の証言をまとめた手紙や当時の新聞記事、さらには事件現場を再現した模型や事件の詳細を時系列でまとめたパネルとともに、事件の概要を説明している。

過去に起こった日本最大の獣害事件を扱う大変珍しい施設ではあるものの、北海道をはじめ、全国では今なおクマによる被害があるのが現状だ。くれぐれも、訪問する際にはクマにご注意を！

野生のヒグマによる本物の引っ掻き傷。実に生々しく、恐怖すら感じる。

苫前町郷土資料館

[住] 北海道苫前郡苫前町字苫前393番地
[電] 0164-64-2954
[時] 10:00 ～ 17:00
[休] 月曜日（祝日の場合は開館し、翌日を休館）／夏休み期間中は無休／11月1日～4月30日
[料] 小・中学生100円／高校生・一般310円

三毛別ヒグマ事件復元地

[住] 北海道苫前郡苫前町字三渓
[電] 0164-64-2212
[時] 詳細はHPをご確認ください
[休] 11月～5月上旬（期間外は無休）
[料] 無料

北海道

02

流氷やアイヌだけじゃない！ 北の大地に秘められたハッカの秘話とは

北見ハッカ記念館

アイヌ文化やオホーツク海の流氷、さらには屯田兵の歴史など、北海道にはほかの都府県には見られない独自の歴史や自然が豊富だ。そんな中、北見市には、史上最も古い栽培植物の一つとされ、抗菌、消毒、消臭、防虫などに優れた効果を発揮する〝ハッカ〟をテーマにしたユニークな博物館がある。

ＪＲ北見駅から歩いて10分ほどの場所に佇む、「北見ハッカ記念館」。壁は白とピンク、そして窓枠は緑色という奇抜な外観がとても印象的だ。

「なぜ、北見市にハッカをテーマにした博物館があるのか？」と気になるところだが、ここ北見には、日本のみならず、世界一のハッカ生産量を誇っていた歴史があるのだ。

北見でハッカが栽培され始めたのは明治29年頃。夏

ホクレン北見薄荷工場の事務所兼研究室だった建物が記念館に。木造のレトロチックな雰囲気で、とても居心地がいい！

は気温が高くて雨が少なく、収穫時には乾燥するという気候条件がハッカに適していたこと、土壌の養分が豊富であったこと、関東大震災の影響でハッカが品薄になり、価格が高騰していたことなどが背景にあったようだ。ハッカ景気に湧いた北見は人口がどんどん増えていき、景気が良いゆえに花柳界も大いに賑わった。

昭和14年の最盛期には、なんと70%もの世界シェアを誇っていた北見のハッカ産業。しかし、後発国のハッカ生産や合成ハッカが台頭してきたことから、その勢いは衰え、昭和58年の3月31日に、ホクレン北見薄荷工場は閉鎖。その後、工場の事務所兼研究室だった建物を改修し、昭和61年に北見ハッカ記念館が開館した。

記念館の外観はカラフルではあるものの、昭和初期に建てられた木造の建物ということもあり、館内はどこか時代を感じる雰囲気が広がっている。そんな二階建ての建物には、蒸留器や遠心分離機などの器具のみならず、ハッカから取り出した取卸油、さらには当時の看板や缶に書かれたレトロな字体が懐かしい。また、ハッカ栽培が行われていた当時の白黒写真からも、当

記念館の隣にある薄荷蒸溜館では、ハッカから油を取り出すハッカ蒸留実演に参加できる。スーッとするハッカの香りに浸ってみよう！

ハッカにまつわる商品がずらり。見てるだけで爽快な気分になる。

時の雰囲気が伝わってくる。

入り口付近や二階には、飴や入浴剤、リップクリーム、目薬などの商品も展示されており、ハッカは日常のさまざまな用途に用いられているのだと改めて実感させられる。資料だけでなくハッカ栽培の歴史をまとめたビデオもあるため、こちらを見ることでより理解が深まるはず。

記念館へ足を運んだ際には、すぐ隣にある薄荷蒸溜館にも、ぜひ足を運んでいただきたい。ここでは、毎日二回、薄荷蒸留実演を行っている。参加は無料だ。植物であるハッカからどのようにして油を取り出しているのか、その蒸留の様子を間近で観察することができるほか、日常にはない蒸留したてのハッカの香りも体験できる。

そうしてハッカから取り出した油は薄荷蒸溜館にある売店で購入も可能だ。虫よけや消臭、アロマ、入浴剤など生活のさまざまなシーンで活用できるものから、口に入れると爽やかな香りが広がるハッカ爪楊枝、さらには飴やビスケットなどバリエーション豊富な商品が並んでいるため、こちらも押さえておきたい。

かつて北見の町を潤したハッカ栽培。北見ハッカ記念館は、その過去を伝えるだけでなく、体験を通してその歴史に触れることができる大変貴重な場所だ。

北見ハッカ記念館

[住] 北海道北見市南仲町1丁目7番28号
[電] 0157-23-6200
[時] 09:00 ～ 17:00（5月～ 10月）
09:30 ～ 16:30（11月～ 4月）
[休] 月曜日（祝日の場合は翌平日）／祝日の翌日／金・土曜日が祝日の場合は開館し翌日も開館／年末年始（12月30日～ 1月6日）
[料] 無料

北海道

03

監獄によって町が発展！ 北海道開拓の礎を築いた、囚人たちの知られざる物語

月形樺戸博物館

刑に服することとなった者を収容するため、全国に60カ所ほど設置されている刑務所。普段の生活ではなかなか関わることがない場所ではあるものの、北海道の月形町には、かつて存在した樺戸《かばと》集治《しゅうち》監《かん》の歴史を語り継ぐ「月形樺戸博物館」がある。

札幌と旭川の間に位置する月形町。その町役場の隣には、明治19年に建てられた樺戸集治監の事務所だった建物が博物館として一般公開されている。〃集治監〃とは「国立の監獄」を指しており、この場所には明治14年から大正8年までの39年の間、樺戸集治監が運営されていた。

建物は明治19年に建てられただけに、床はギシギシ鳴ったりする一方、上げ下げ窓といった洋風の造りも見られる。事務所の建物だけでも歴史を感じられるのだが、ここでは、豊富な資料とともに、北海道開拓の礎を築いた大変貴重な物語に触れることができるのだ。

なぜ、この町に集治監ができたのか？ その背景には、歴史の授業で習った西南戦争が関係しているそうだ。

西南戦争が勃発したことで国内には多くの国事犯が生まれ、その囚人たちを

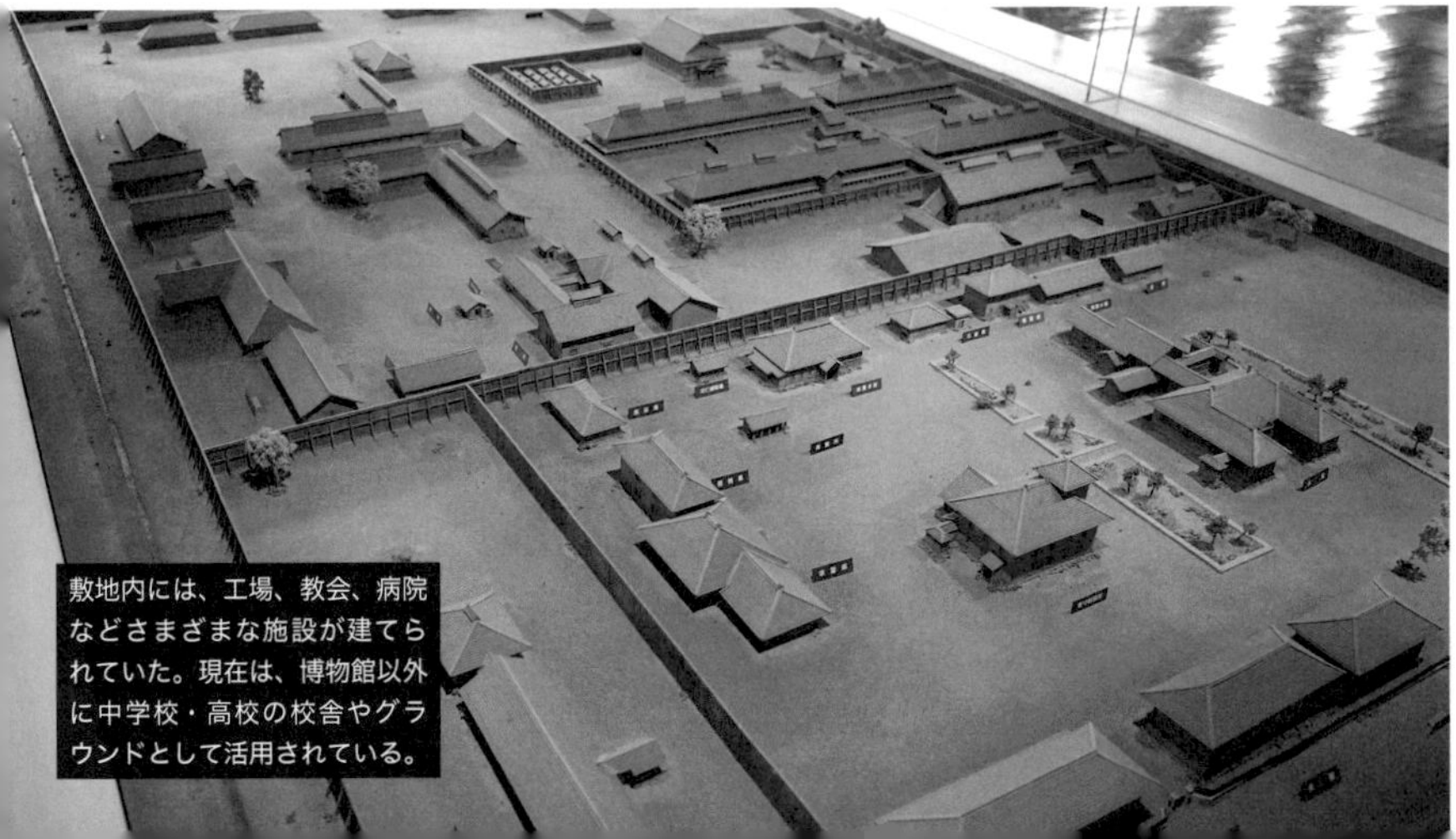

敷地内には、工場、教会、病院などさまざまな施設が建てられていた。現在は、博物館以外に中学校・高校の校舎やグラウンドとして活用されている。

1.札幌の女子刑務所で使われていた一人用の部屋。トイレには、かろうじて目隠しが立てられている。／**2**.道路開削工事を終えた囚人たち。彼らを獄舎に戻す際は、看守たちが最も緊張する時でもあった。／**3**.囚人が着ていた、本物の赭色《しゃいろ》の囚衣。

収容していくうちに国内の監獄は過剰拘禁になっていった。そこで、福岡藩出身の月形潔《つきがたきよし》が、伊藤博文の命を受け北海道に集治監を作るための調査へ行き、裏手に山があり、反対側には川がある囚人が逃げにくい地形から、この場所が選ばれた。町名には、集治監の初代所長である月形潔の苗字が用いられ、商人や移住民がやってきたことで、未開の地だった月形の地は発展していった。

そんな樺戸集治監の囚人たちは、北海道開拓の礎を築くことになる。

もともと、囚人たちには農作業などが課されていた。ところが、世の中の情勢は刻一刻と変わっていき、北海道の地を狙うロシアが南下。そうした状況にもかかわらず、北海道の開墾が一向に進んでいなかったことから、囚人たちには道路開削やダム建設などの開拓作業が課せられることになった。

館内には、文書資料のみならず、囚人服、手錠、囚人を拘束する足かせの鉄丸など、豊富な資料が展示されている。そして、そうした展示の中でも、囚人たちが過ごしていた環境の厳しさには誰もが驚くはずだ。

樺戸集治監には、男性のみ1500人ほどが収容されていた。豪雪地帯としても知られる月形町だけに、冬は大変厳しい寒さになる。凍傷になるほど囚人服は薄く、狭く真っ暗な独居房では、みな数日で精神異常をきたした。食事においても、おかずが少なく栄養が乏しかったことから、栄養失調に陥る人もいたそうだ。自分がここにいたらと思うと、本当にゾッとしてしまう。

そして、監獄につきものの話といえば脱走。逃走した囚人たちのデータ、さらには脱走の名人だった五寸釘寅吉などの

道路開削工事の際には、脇に物資を運ぶための用水路を作り、丸太や砂利を敷くことで頑丈な道路を作っていった。作業はグループで行われ、ルールを破るとグループ内の連帯責任となって罰を受けた。

脱走囚たちの物語も見られ、この辺りは監獄というテーマならでは。

監獄によって発展した町だけに、博物館以外にも、周辺には囚人にまつわるスポットが多々見られる。博物館から車で5分ほどの場所にある篠津山霊園には、樺戸集治監で亡くなった人を弔う囚人墓地があり、町内にある北漸寺には、囚人たちによって見事な彫刻が彫られた本殿が今も残されている。

近年では、展示の雑居房に備え付けられた一斉開放装置が、人気マンガ『ゴールデンカムイ』で取り上げられたことで、マンガを見て訪れる人も増えたそうだ。監獄というと、どちらかといえば影の歴史になるかもしれないが、今の北海道があるのは、囚人たちが開拓の礎を築いたおかげであるということを、再認識させられる。

月形樺戸博物館
[住] 北海道樺戸郡月形町1219
[電] 0126-53-2399
[時] 09:30 ～ 17:00（入館は16:30まで）
[休] 12月1日～3月19日（期間外は無休）
[料] 一般300円／高大学生150円／小中学生100円

博物館から車で5分ほどの場所にある篠津山囚人墓地には、集治監で亡くなった1022名が埋葬され、現在でも年に一回、慰霊祭が行われている。

青森県 04

青函トンネル記念館

本州と北海道を結ぶ世紀の大工事！　海の底で繰り広げられた、24年に及ぶ不屈の戦い

津軽半島の先端に位置する龍飛崎。石川さゆりの名曲『津軽海峡・冬景色』でも知られるその地は、古くから漁業を営む人々が暮らしてはいるものの、海からは一日中強風が吹き続けるなど、気候条件は極めて厳しいことでも知られる。

目の前に広がる津軽海峡の雄大な景色を眺めに多くの観光客がやって来るこの場所には、かつてこの地で行われた世紀の大工事の記憶を語り継ぐ「青函トンネル記念館」がある。

青函トンネルが開通してすぐの昭和63年7月に開館したこの記念館は、当時世界でも類を見ない海底トンネル工事の軌跡について知ることができるほか、海面下140mの世界に足を運び、実際の作業坑を歩くという、大変貴重な体験ができる施設なのだ。

東海道新幹線の開通や東京オリンピックの開催など、日本が経済成長の道を進んでいた昭和39年に掘削工事は始まった。それは、世界でも類を見ない本格的な海底トンネル工事だっただけに、出水を防ぐため、掘削作業の前には、掘り進めるトンネルに先行してセメントを注入する補強工事が繰り返し行われるなど、掘削工法にはさまざまな在来工法や新技術が導入された。それでも、異常出水による度重なるトンネルの水没が発生したほか、冬の体感温度はマイナス20℃にもなるだけに、工事は想像を絶するものだった。

そうした環境の中、三交代制により24時間、ひたすら海の底は掘り続けられた。

トンネルができる以前、本州と北海道は青函連絡船で結ばれてはいたものの、今ほど台風の動きが予想できず、洞爺丸事故などの海難事故が多発。それだけに、本州と北海道がトンネルで結ばれることは悲願だったのだ。

そして昭和60年、海面下240m、全長は当時世界最長の53・85㎞に及ぶトンネルが貫通し、その三年後には鉄道の運行がスタート。現在では、北海道新幹線と貨物列車によって利用されている。

館内の展示ホールでは、パネルや模型を通して青函トンネルが誕生した背景を紹介している。天井に吊るされた青函ト

青函トンネルがあることを示す堂々たる看板。最果ての地にふさわしい光景だ！

斜坑線だけに、座席も段々状という珍しい造り。ガタガタと音を立てながら下っていく。

海面下140mに位置する体験坑道は、毎分10トン近い水がしみ込む外界から閉ざされた神秘的な空間。

1.強風が吹き荒れる地として知られる龍飛崎。天気が良ければ、感動ものの美しい景色が広がる。／**2**.一直線に延びる斜坑線。地下と地上はわずか7分で結ばれている。／**3**.削岩機を使うことで、ダイナマイトを装填するための孔を削っていった。／**4**.トンネル内を掘り進んでいったドリル／**5**.体験坑道内で、関係者が実際に移動で使っている自転車。

ンネルの模型を見ると、線路が通された本坑以外にも、地質調査のための先進導坑、機材やコンクリートの搬入などの作業を行う作業坑も掘られており、想像以上に複雑な構造であることがわかる。二階にあるトンネルシアターでは、作業員のインタビューや工事の様子を記録した映像が放映されているので、これはぜひ見てほしい。21年もの大工事によって本州と北海道がトンネルで結ばれ、作業員たちが歓声に沸き抱き合うシーンは涙なしでは見られない。

海面下140mの世界を体験できる体験坑道へは、斜度14度の竜飛斜坑線によって一気に下っていく。終点の体験坑道駅からは、つるはしや削岩機など実際に作業で使われた工具などを見学しながらスタッフが案内してくれる。巨大な坑道が続く外界から閉ざされた世界なだけに、よそでは体験することのできない非日常な空間といえよう。

記念館の周辺には、広大な津軽海峡を眺められる展望台や、日本で唯一の階段国道という珍しいスポットもあるものの、記念館から坂道を上った場所にひっそりと建てられた碑の存在も見逃せない。21年に及んだトンネル工事で命を落とした34名を弔うために建てられた慰霊碑だ。

移動をするにも大変便利な世の中になり、飛行機や鉄道によっていろんな場所に出かけられる現代。しかしそうした背景には、先人たちのさまざまな努力や犠牲があったことを忘れてはならない。

近くには日本で唯一の階段国道もあるので、ここへの訪問もセットでオススメしたい!

青函トンネル記念館
[住] 青森県東津軽郡外ヶ浜町三厩龍浜99
[電] 0174-38-2301
[時] 08:40～17:00
[休] 冬季閉鎖期間あり
[料] 大人400円／小人200円

記念館から少し坂を上った場所には、トンネル事故で亡くなった方々を弔う慰霊碑が建てられている。こうした方々の犠牲の上に、便利な世の中が成り立っている。

手摺りの形状や素材の木目など、実に美しくも豪華な造りの階段。

青森県

05

破天荒な人生を歩んだ文豪の生家は、豪華絢爛な近代建築だった！

太宰治記念館「斜陽館」

青森が生んだ天才小説家・太宰治。『走れメロス』『斜陽』『人間失格』など数々の名作を生み出し、今でも彼のファンは多い。幼少期を過ごした青森県のみならず、新婚生活を過ごした山梨県など、太宰に由縁のあるスポットは今もところどころ残されてもいる。

青森県五所川原市には、太宰が生まれてから小学生までの時期を過ごした生家が残されており、現在は記念館として一般公開されている。

個人宅とは思えないほどの立派な造りで、とてもよく目立つ赤い屋根、そして周りは煉瓦で囲まれた堂々たる佇まい。館内には、一階と二階合わせて19もの部屋があり、和洋折衷な造りを窺うことができる。さらには鏝絵《こてえ》や階段に見られる寄木細工などの造りを見れば、職人の技術の高さに驚かされる。

明治42年に、この斜陽館の建物で生まれた太宰治（本名：津島修治）。父の津島源右衛門は、金木銀行の頭取や貴族院議員を務め、さらには３００人もの小作人を抱える青森県でも四番目の資産家だった。太宰は、そうした裕福な家の11人兄弟の10番目に生まれる。

小さい頃から本を読むことが大好きで、中学生の時には友だちと同人誌を作っていたそうだ。大学四年生の時に太宰治のペンネームを使い始め、１５０にも及ぶ作品を世に残した。

襖をどかせば63畳にもなる一階の大広間。
浄土真宗大谷派の豪華な仏壇も見応えあり。

小学校までこの建物で過ごし、その後は県立青森中学校・官立弘前高等学校を卒業、そして東京帝国大学へ入学。戦時中に青森に疎開してくるも、昭和23年、東京の玉川上水に身を投じ、38歳の若さでこの世を去った。

資産家の家に生まれ、高校時代から芸者遊びに没頭し、自殺未遂を繰り返すなど、実に破天荒な生涯を送った太宰。秘めごとを吐き出す彼の作品には、今もなお共感する人も多い。

太宰の死後、津島家はこの建物を手放すことになる。その後は別の人物が買い取り、旅館「斜陽館」を経て、現在は太宰治記念館として一般公開されている。

弘前市の建築家・堀江佐吉の設計によって明治40年に建てられた斜陽館。

一階には、太宰が生まれた産室、度々宴会が行われていたという63畳の大広間、豪華な仏壇のある仏間など、見応えは抜群。それ以外にも、廊下では小作人たちが収穫したお米の検査が行われ、入り口の左に見える〝店〟と呼ばれる部屋では個人向けの金融業を営んでおり、次の秋の収穫を見込んでお金を貸していたそうだ。また、蔵の中には太宰家による数多くの遺品が見られる。

二階に上がれば、当時のモダンな風潮を取り入れた洋風な造りの応接室、金箔が用いられた貴賓室という和と洋の造りを堪能できる。書斎と呼ばれた部屋の襖に書かれている〝斜陽〟の文字は、小説『斜陽』との関連性を感じずにはいられない。

大変価値のある建物なだけに、太宰ファンのみならず建築関係者も足を運ぶ。太宰にまつわるエピソードが建物の至るところに残されており、当時の生活の様

1

2

3
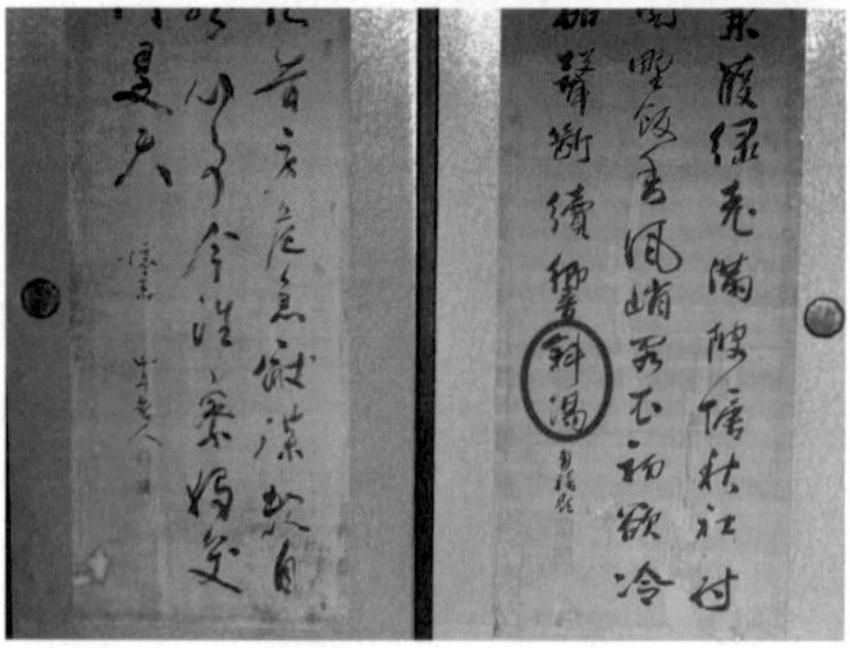

4

1.襖や欄間が美しい日本間は、議員たちが通される貴賓室として使われた。／**2**.個人向け金融業や事務が行われていた「店」と呼ばれた一室。／**3**.母の居室の襖に書かれた「斜陽」の文字。太宰が斜陽の言葉を用いたのは、この襖の文字がキッカケだったかもしれない。／**4**.応接室として使われていた美しい洋間。天井や奥にあるソファーは当時のままだ。

子を想像するだけでも楽しい。

津軽半島には、斜陽館のみならず、芦野公園旧駅舎を活用した喫茶店など、太宰の作品に登場する施設が多数残されている。それだけに、彼の作品を読んだあとに青森へ足を運べば、より楽しみが広がることだろう。

太宰治記念館「斜陽館」
［住］青森県五所川原市金木町朝日山412-1
［電］0173-53-2020
［時］09:00～17:00（入館は16:30まで）
［休］12月29日
［料］一般600円／高大学生400円／小中学生250円

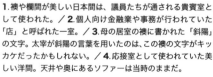

岩手県
06

廃墟アパート群が立ち並ぶ高原には、かつて“雲上の楽園”があった

八幡平市松尾鉱山資料館

岩手県の北西部に位置する八幡平《はちまんたい》。日本百名山にも選定された高原が広がるこの山は、高山植物も多く見られる自然豊かな場所だ。そんな八幡平には、かつて東洋最大級ともいわれるほど硫黄を採掘していた松尾鉱山があり、標高９００ｍほどの場所に多くの住民が生活していたことから、そこは〝雲上の楽園〟とも呼ばれた。

麓の町から、県道23号線を車で10分ほど上ると辿り着く松尾鉱山跡地。当時の建物の多くは取り壊されているものの、従業員が暮らしていた鉄筋コンクリートのアパート群（緑ヶ丘アパート）が、今も廃墟として残されている。その光景は実に異様、不気味ではあるものの、かつての繁栄を思わせるだけに侘しさを感じずにはいられない。

この場所でたくさんの人々が働いていたとは到底思えないほど、現在は静かな場所となっている。大勢の人が働いていた時代はどれほど賑やかだったのだろうか。そしてこの鉱山にはどのような歴史があったのか。

3000分の1の大きさで再現された、松尾鉱山の全景模型。現在の雰囲気からは想像もできないほど街が繁栄していたことがわかる。

そんな松尾鉱山について知ることができる「八幡平市松尾鉱山資料館」が、麓の町にて一般公開されている。

館内の一室には、かつて鉱山で使われていた器材や、その様子を写した写真などが豊富だ。鉱山が誕生したことによって、いかにこの町が賑わったかが窺える。

松尾鉱山が稼働したのは、大正3年のこと。横浜の貿易商である中村房次郎が資本を投下したことから開発が始まり、始めは硫黄を採掘していたものの、その後は硫酸を製造することで会社は延命。昭和28~33年の最盛期には4900人もの従業員が働いていた。しかし、石油回収硫黄が出てきた影響などによって、昭和44年に事実上の閉山となった。

当時の町の様子を再現しているジオラマや、実際に採掘時に用いられていた削

1

2

3

4

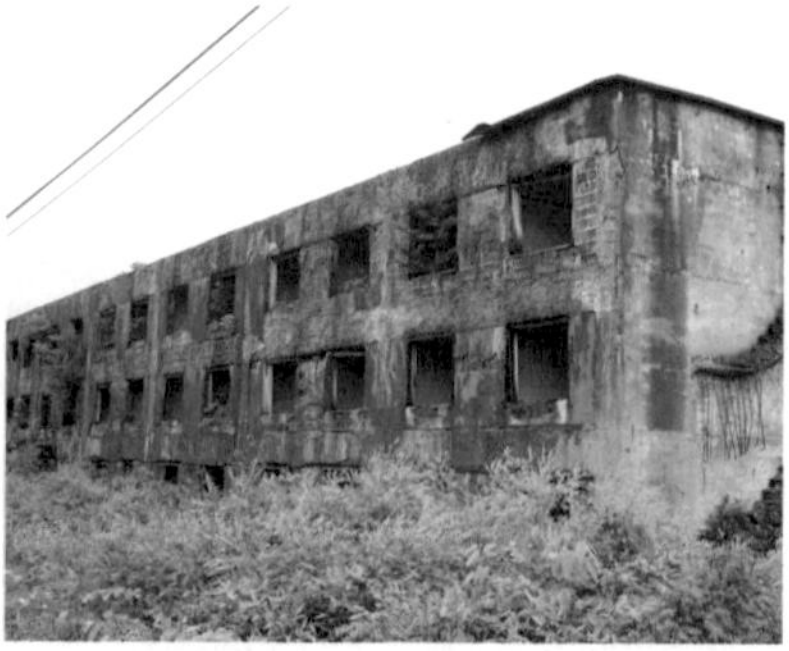

1.松尾鉱山で使われた事務用品や資料など。写真に写る作業員たちの笑顔が印象的だ。／**2**.松尾鉱業株式会社の初代社長・中村房次郎(左)と二代目社長・中村正雄(右)の肖像画。／**3**.屋外に展示されている電気機関車。鉱山の繁栄は、こうした輸送力の発達によってもたらされた。／**4**.かつての職員たちが暮らしていた至誠寮の廃墟。廃墟の不気味さのみならず、時代の侘しさをも感じずにはいられない。

松尾鉱山の誕生、そして繁栄から衰退まで、
この一室に鉱山の歴史が全て詰まっている。

岩機、ヘルメット、測量機器、採掘された硫黄鉱など、鉱山にまつわるものが多数展示されており、当時の繁栄を物語る。標高900mほどの山の上には1500人を収容できる劇場、子どもが多かったことから学校も作られ、病院や図書館、さらには商店街まであったという。夏祭りの際には、藤山一郎や東海林《しょうじ》太郎《たろう》などの紅白歌合戦出場クラスの有名人を呼んでいたようだ。

今も残る緑ヶ丘アパートは、昭和26年に完成した四階建ての鉄筋コンクリートの建物。当時では最先端となる水洗トイレや暖房設備が備わっていた。多くの人で賑わう活気ある様子を写した写真も多く、今の鉱山跡地からは想像もできないほどの賑わいだったことが窺える。

現在、鉱山跡地では、国と県が運営する中和処理施設が稼働し続けている。硫黄を採掘し続けた結果、強酸性の水が川に流れ出てしまうため、閉山した現在も川の水を中和し続ける必要があるのだ。名の知れた鉱山ではないかもしれないが、東洋最大級の硫黄採掘量を誇っていただけに、松尾鉱山は戦後日本の経済成長を支えたといっても過言ではないだろう。

八幡平市松尾鉱山資料館

[住] 岩手県八幡平市柏台2丁目5-6
[電] 0195-78-2598
[時] 09:00 ～ 16:30（入館は16:00まで）
[休] 月曜日（祝日の場合は翌平日）
[料] 無料

岩手県

07

深澤晟雄資料館

岩手の田舎町には、画期的な医療改革を行った知られざる名村長がいた！

岩手県の西側に位置する西和賀町。秋田県にほど近いこの旧沢内村では、かつて全国自治体初の乳児死亡率ゼロを達成し、60歳以上の医療費を無償化するなど、医療における画期的な生命行政が行われていた。

かつて、豪雪、貧困、そして多死多病にあえいでいたこの村を救ったのは、深澤晟《ふかさわまさ》雄《お》という村長だった。この偉大なる村長の功績を後世に伝える施設として、西和賀町内に「深澤晟雄資料館」という小さな資料館がひっそりと佇んでいる。

明治38年に、岩手県和賀郡沢内村に生まれた深澤晟雄。もともとは医師を目指していたものの、医師に向いていないとのことで東北帝国大学の法文学部に入学。上海銀行に就職して中国へ渡り、その後は台湾、満州へと渡って終戦後に帰国。その後は、少しばかり佐世保で働くも、最終的には故郷へと帰ってくることとなった。

町に帰ってきたあと、村を改革すべく村長になった深澤がまず取りかかったのは、ブルドーザーの導入だった。沢内村は豪雪地帯であることから、冬になると道路は雪で埋もれ、それによる便の悪さは深刻。そのため、医者が近くにいない場合は診察に行くこともできず、「お医者さんに診てもらうのは死亡診断書をもらう時だ」と言われるほどだったそうだ。紆余曲折はあったものの、最終的には小松製作所から3年の分割払いで借りることで除雪が可能となり、交通の便が良くなった町には希望が溢れた。

まだまだ改革は続く。村には、貧困でお金が無いことから村民が病院に行けない問題もあった。そこで、村で保健婦を雇い訪問指導や検診を開始。さらには、村が思い切って高齢者の医療費を十割給付、つまり無償化とした。これは国保法に抵触するものの、「最低限度の生活を営む権利を有する」という憲法の一文を掲げて、裁判を起こされても良いと動じず、固い意志を貫いた。

資料館の奥には、村長時代に使っていた執務机が見られるほか、彼の遺訓が書かれた掛け軸が際立つ。

こうした医療改革を行ったことで、毎年7%ほどだった沢内村の乳児の死亡率は5年でゼロに。これは全国で初めての偉業となり、深澤は「生命村長」とも言われるようになった。ただし、この偉業は本人の努力だけでは成し遂げられなかった。資料館には深澤の名を用いてはいるものの、深澤晟雄個人をたたえているだけでなく、住民、さらにはお医者さんなど皆の功績をも伝えていきたいのだと、資料館のスタッフが語ってくれた。

「豪雪、貧困、多死多病」を克服した沢内村。深澤晟雄が亡くなったあと、この村におけるたくさんの資料を収集・管理することを目的に、平成19年に「NPO法人 深澤晟雄の会」が作られ、翌年に資料館が開館。

広く知られてはいないものの、偉大な る村長、住民、そしてお医者さんの協力があって医療行政の改革を行った功績を語り継ぐ、大変貴重な資料館。ただし、豪雪地帯ということもあり、冬の間は雪の影響で休館している可能性があるので、その点はご注意を。

深澤晟雄資料館

[住] 岩手県和賀郡西和賀町沢内字太田2-68
[電] 0197-85-3838
[時] 10:00 ～ 16:00
[休] 火曜日・木曜日（観覧希望の際は、電話・HPでご確認ください）
[料] 大人・大学生 400円／中・高生 200円／小学生以下 無料

震災が発生してから10年以上。世の中がどんどん移り変わっていく中、校舎の中は時が止まったままだ。

宮城県

08

大津波に襲われた校舎は、災害の記憶を伝える震災遺構に

震災遺構　仙台市立荒浜小学校

仙台市の沿岸に位置する荒浜地区。この場所には、明治6年に開校した市内で最も古い小学校の一つである荒浜小学校の建物がある。海から７００ｍの場所にあるこの学校は、２０１１年3月11日の東日本大震災により、日常が一変した。

日本中を震撼させた東日本大震災が発生し、荒浜小学校は津波に飲み込まれた。震災後は、あまりに大きな被害を受けたこの場所で再び授業が行われることはなく、市内のほかの小学校の校舎を借りて授業が再開された。その後、２０１６年に16名の生徒の卒業を最後に閉校し、翌年の２０１７年から、現在のような形で一般公開されている。

一階から四階まで（ただし三階は除く）の一部を見学することができ、津波に飲み込まれた一階と二階は、当時のままの状態で残されている。剥がれたままの天井、ぶら下がったままの配線、錆び付いた灯り。発災直前まで、この場所で学校生活が行われていたとはとても思えない。

ヘドロ、ごみ、家の部材、さらには自動車までもが津波によって校舎になだれ込み、展示されている写真も併せて見ると、改めて津波の威力がいかに恐ろしいか思い知らされる。

荒浜小学校を本書に掲載するにあたり、当時、校長を務めていた川村孝男《かわむらたかお》さんが当時の様子を語ってくれた。

4.6mの高さまで到達した津波。二階の手摺りまでもが、錆びたまま曲がってしまった。

「かつて漁業と農業をなりわいとしていた荒浜集落には、震災当時、約８００世帯が暮らしていました。震災時刻が14時46分だったこともありまして、自宅に帰ろうと校庭にはたくさんの児童がいて、しばらくすると、周辺住民も校舎へと避難してきました。これは、学校では普段から地域の方と合同で避難訓練をしており、学校避難が共有されていたためです」。

そして地震発生から1時間ほどが経過した15時55分、荒浜小学校は津波に飲み込まれた。まさに映画を見ているかのような現実とは思えない光景。校舎の高さ4・6mまでは、全てが海の底になってしまい、歩いて避難することができなくなった。さらには、屋上から上空15mの高さでホバリングするヘリコプターに救助されるのは、大きな不安も感じた。

「救助は翌日の夕方まで続いたので、大勢が校舎で一夜を越すこととなりました。停電の影響で館内は真っ暗。夜は冷え、家も流され逃げ場もなく虚無感にも苛《さいな》まれ、現実を受け入れられない人もいる状態でした。当日の夕方から始まった児童の救助は11時間30分間もの時間を要し、翌日の18時頃、ようやく全員が救助されたんです」。

一階と二階は当時の状況のまま展示されている。四階では震災当日の夜をどう乗り越えたのか、展示品のみならず、証言をまとめた映像でも知ることができる。展示品の中でも、津波に襲われた15時55分を指したままの時計には、とりわけ心を揺さぶられた。

ここを訪問する際には、校舎から南側

震災前には模型に見られるような荒浜集落の町並みが広がっていた。

津波の被害を受けた集落があった場所は、将来的に公園等として整備される。

明治時代から142年もの歴史を刻んだ荒浜小学校。校舎には、子どもたちの思い出がたくさん詰まっているはずだ。

の景色と、四階に展示されている震災前の荒浜集落を再現した模型を見比べてほしい。模型に再現された町並みは、ほぼ全て津波に流されてしまったことがはっきりとわかる。

避難した住民や児童320名は全員が無事だったものの、荒浜地区では192名が亡くなった。そのような大きな災害を後世に伝えていくために、宮城県内で最初の震災遺構として荒浜小学校は公開されている。仙台市内の小学生は必ずここを訪れることとなっており、さらには研修で訪れる団体など、多くの人がここに足を運んでいるそうだ。

東日本大震災以降も、東北のみならず、日本各地で大きな地震が発生している。地震、そして津波はこれからもやってくる。震災遺構を通し、我々はその教訓を忘れてはならない。

震災遺構 仙台市立荒浜小学校

[住] 宮城県仙台市若林区荒浜字新堀端32-1
[電] 022-355-8517
[時] 09:30～16:00（7月・8月：09:30～17:00）
[休] 月曜日・第4木曜日（祝日を除く）
年末年始（12月29日～1月4日）
[料] 無料

体育館の時計は、津波に襲われた15時55分を指したまま時が止まっている。

秋田県 09

電気、水道、病院、鉄道……　町を繁栄させた鉱山の恐るべき経済力！

小坂鉱山事務所

秋田県の北東部に位置する小坂町。今では人口５０００人ほどの小さな町だが、かつてこの地には日本一の銀生産を記録しただけでなく、日本三大銅山の一つにもなった小坂鉱山があった。

その鉱山の事務所として、さらには小坂町のシンボルとして建てられたのが「小坂鉱山事務所」だ。現在は館内を鑑賞できるだけでなく、小坂鉱山、そして小坂町が歩んできた歴史に浸ることができる観光スポットになっている。

堂々たる風貌の建物は、小坂製錬株式会社の寄贈を受けたことで、平成13年４月に産業遺産観光の拠点として開館。会社の敷地内にあった建物を、18億円という莫大な費用をかけて移築したというのだからビックリ。

では、その小坂鉱山とはどのような鉱山だったのか？

1861年に発見された小坂鉱山は、新製錬法の導入により日本一の銀山に成長。その後は銀が枯渇し閉山の危機を迎えるも、金、銀、銅、鉛などの金属を含む黒鉱の製錬によって銅山として大復活。明治40年には鉱産額全国一を記録するほどの、世界有数の鉱山に発展したのだ。

大阪の豪商・藤田組の経営のもと、久原房之助が所長だった時には、小坂町に理想社会を建設すべく、十和田湖の水

入り口正面に現れる、美しい曲線を描く螺旋階段。

採光を取り入れるため窓が多い作りに。昼間は、電気が必要ないほど開放感のある明るさだ。

力発電を使った電気、さらには水道のインフラを整え、病院、警察、学校、神社、大館市までの22㎞を結ぶ鉄道までをも敷設。この時、小坂町民は無料で電気や水道を利用できたというのだから何と太っ腹だろうか。恐るべき、鉱山の財力。

それだけの繁栄を生んだ事務所の造りは豪華絢爛。230ほどにも及ぶたくさんの上げ下げ窓、館内の至るところに残っている古い窓ガラス、そしてルネッサンス風を基調とした意匠が見られるバルコニーポーチなど見所は多いものの、一番の目玉は三階まで貫かれた螺旋階段だろう。中央の通し柱には秋田県の天然杉が使われ、階段の板や手摺りにはケヤキが用いられている。

グルグルと描かれた曲線がとにかく美しく、手摺りを見てもよくここまで綺麗につなげられたものだと驚いてしまう。造りが大変美しいだけに、無駄に上り下りを繰り返してしまったのだが、現地を訪問していただければその気持ちがわかるはずだ（笑）。

建物の造りのみならず、館内には写真や資料を通して小坂町の発展についての解説がなされている。溶鉱炉の技術が進んでいたドイツからやって来たクルト・ネットー、黒鉱製錬の立役者となった久原房之助など、町の発展には多くの人の努力と情熱があったことが伝わってくる。また、日本最古と言われるクリスマスに関する絵が残っていたことから「近代クリスマス発祥の地」と呼ばれている話も大変興味深い。

そんな小坂鉱山事務所を訪れた際には、ぜひセットで鑑賞してほしい場所がある。小坂鉱山事務所の向かいにある、明治の現役木造芝居小屋である康楽館だ。まだ

外観は洋風、館内は和風の和洋折衷な木造芝居小屋・康楽館。芝居鑑賞後には、解説付きで館内を巡ることができるのも嬉しい。

テレビやラジオのような娯楽がなかった時代に、小坂鉱山で働く社員、さらには小坂町に暮らす人々の娯楽施設として、小坂鉱山創業の5年後に建てられた芝居小屋だ。

そんな康楽館では、今でも4月～11月の間は連日のように芝居を鑑賞することができる。そして館内ツアーによって、回り舞台や花道の地下を通る奈落、さらには出演者たちの落書きが残る楽屋裏など、普段は見られない場所を見られるところが嬉しい。

繁栄を極めた小坂鉱山であったが、平成2年にその幕を閉じることになった。とはいえ、現在も分離独立した小坂精練株式会社が自動車や電化製品などの廃棄物から金、銅、アルミなどの有価金属を回収するリサイクル事業を行っており、小坂鉱山時代から築いた技術が、リサイクルという形で今も生かされている。

小坂鉱山事務所、康楽館だけでなく、小坂鉄道が廃業したあとにオープンした小坂鉄道レールパークも、多くの鉄道ファンが訪れる人気スポットだ。これら全てが小坂鉱山の財力によって生み出されただけに、鉱山が町に与えた影響は計り知れない。

小坂鉱山事務所

[住] 秋田県鹿角郡小坂町小坂鉱山古館48-2
[電] 0186-29-5522
[時] 09:00 ～ 17:00
[休] 年末年始
[料] 一般・高校生 380円／小・中学生 200円

福島県

10

幻に終わった東北縦断鉄道構想！

ノスタルジックな駅舎が物語る、廃線の記憶

日中線記念館

通勤や旅行の移動手段として、鉄道は私たちの生活に欠かすことのできない存在。しかしながら、地方ともなれば利用者は少なく、毎年のように赤字路線の話題が尽きないのも現状だ。そんな中、福島県の田舎町には、廃線となった日中線の駅舎を当時のままの姿で公開している「日中線記念館」という施設がある。

喜多方ラーメンで知られる福島県喜多方市。その中心部から、車で15分ほど北上した場所に佇む記念館。自然に囲まれた閑静な田舎町に位置しており、赤い屋根が目立つヨーロッパ風の駅舎が実に印象的だ。

この駅舎は、昭和初期に開業した日中線の熱塩《あつしお》駅の建物だった。日中線とは、喜多方駅と熱塩駅のわずか11・6kmを結ぶ路線。加納鉱山の鉱石を運ぶ必要もあったことから、昭和11年1月に着工、そして昭和13年8月に開通したものの、利用者は少なく、一日の運行本数は午前に2本、午後は3本のみ。〝日中線〟という名称は、熱塩駅から北へ4・2㎞先に日中駅を建設する構想があったからだそうだ。

さらに、この日中線には、栃木県今市市から山形県米沢市までを結ぶ、東北縦断鉄道とする壮大な計画があった。鉄道建設運動は明治25年頃から始まっており、下野（栃木県）、岩代（福島県）、羽前（山形県）をつなぐことから野岩羽線と名付けられることに。しかし、戦争の勃発、それに加え戦後には自動車が普及したことにより、日中線は昭和59年に廃線となる。日中駅の開業と野羽岩線の構想が実現することはないまま、45年の歴史に幕を閉じたのだ。

廃線後は、ヨーロッパ風の外観をした駅舎と日中線の歴史を後世に伝えるためにと熱塩駅は改修され、昭和62年に記念館として公開されることになった。線路は取り除かれたものの、駅舎は当時のままの雰囲気を今に伝えている。

窓口や改札は、現代の駅には見られない、昔の映画のシーンそのままの光景が広がっている。また、駅舎の中は展示室となっており、制服、切符、看板などの豊富な資料のみならず、車両までもが残されている。ひと昔前の駅舎の雰囲気を

1

2

3

4

5

6

1.列車の座席はビッシリと対面式に。茶色とブルーシートの色合いが昔ながらで、たまらない！／**2**.鉄道に関する展示が見られる中、看板など当時のものが多く残され、駅舎はノスタルジックな雰囲気。／**3**.駅舎だけでなく、敷地内には当時の車両も展示されているので、こちらもお忘れなく。／**4**.休憩室にも昔の写真がたくさん見られ、現役だった当時の様子が偲ばれる。／**5**.鉄道の関係者が身に付けていたであろう制服も並ぶ。／**6**.昔は、切符を購入すると、この乗車券箱から駅員さんが切符を渡してくれた。

緑の多い風景の中、ヨーロッパ風の赤い屋根がよく目立つ。人もまばらで、のんびりするのにも最適な場所だ！

存分に堪能できるのが嬉しい。

写真を撮る人もいれば、ベンチに座りボーっと駅舎の空間に浸る人など、訪れる人の過ごし方はさまざま。結婚式や野外ライブなどにも活用されるほか、線路跡には桜を植える活動も行われており、平成20年には近代化産業遺産に認定された。

春には桜が綺麗で、冬になると雪も積もるためそれぞれの時期に来ればまた違った風景を見ることができるだろう。

地元住民のみならず、加納鉱山の鉱石、会津の自然がはぐくんだ米や酒、戦時中には出征兵士を乗せて走り続けた日中線。ノスタルジックな駅舎は、これからも、この地を駆け巡った鉄道の記憶を受け継いでいくだろう。

日中線記念館

[住] 福島県喜多方市熱塩加納町熱塩
[電] 0241-24-5323（喜多方市文化課）
[時] 09:00 ～ 16:00
[休] 月曜日／12月29日～1月3日
[料] 無料

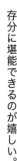

関東

茨城県	⑪	神谷傳兵衛記念館（牛久シャトー内）
埼玉県	⑫	首都圏外郭放水路
	⑬	木力館
	⑭	森永卓郎 B 宝館
千葉県	⑮	浦安市郷土博物館
東京都	⑯	塙保己一史料館
	⑰	旧日立航空機立川工場変電所
神奈川県	⑱	明治大学平和教育登戸研究所資料館
	⑲	宮川香山 眞葛ミュージアム

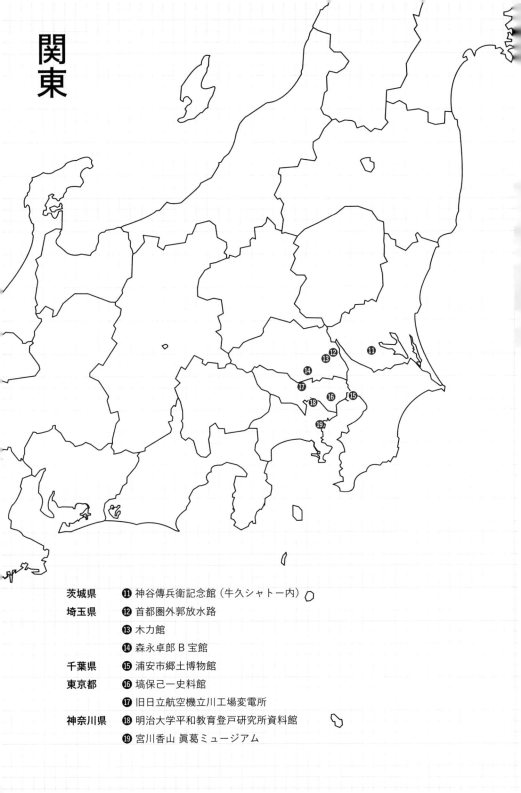

茨城県

11

かつて茨城県には、〝日本のワイン王〟が築いた日本初の本格的なワイン醸造場があった！

神谷傳兵衛記念館（牛久シャトー内）

食事がよりおいしくなり、そして色や香りを楽しめることから多くの人に親しまれているワイン。甲信地方や北海道をはじめ国内には多くのワイナリーがあり、さまざまな種類のワインが醸造されている。国内のワイン製造の始まりは明治時代に遡り、ワインの歴史は、茨城県牛久市にある牛久シャトーの存在を無くしては語ることはできない。

牛久市内に突然現れる、巨大な煉瓦造りの建物が印象的な牛久シャトー。存在感があるだけでなく、ブドウの意匠も取り入れられた実にオシャレな外観だ。敷地内には、明治36年に建設された煉瓦造りの本館、醸造場、貯蔵庫の建物が現存

醸造されたワインは、今も地下にて貯蔵されている。

地下のセラー室は、現在では外気に通じていないこともあり、薄暗く神秘的な空間。

しており、現在もブドウ栽培、そしてワイン造りが行われている。醸造場の建物は「神谷傳兵衛記念館」として一般公開されており、牛久のみならず国内におけるワイン醸造の歴史に触れることができる。

その牛久シャトーは、神谷傳兵衛という一人の偉人によって築かれた。明治6年に外国人居留地のフレッレ商会で洋酒製造法を習得し、日本にも本格ワインが受け入れられる時代が来ると予感した傳兵衛。日本中の土壌を調べ、牛久でワイン製造を行うと決めると、本格的なワイン製造を行うべく、日本で初めて、ブドウ栽培、ワイン製造、販売までの一貫生産体制を築き上げた。最盛期には160ヘクタールもの広大な敷地を所有しており、周辺は一面が広大なブドウ畑だったそうだ。

記念館の一階では、ワイン瓶約26万本に相当する量のワインを醸造していた当時の様子を伝えている。巨大な樽が並ぶ圧巻の光景から、凄まじい量のワインを製造していたことがわかる。

階段を上った二階では、牛久シャトーで実際に使われていた道具類、ポスターなどの資料を通して、牛久シャトーが歩んできた歴史に触れることができる。創業当時からの昔の写真も多く、写真に写る人々の身なりなどから時代を感じることができるほか、周囲にブドウ畑が広がっていた風景は、今の風景からは想像もできないだけに、そのギャップにも驚かされる。

そうした豊富な資料の中でも、〝電気ブラン〟と〝ハチブドー酒〟の展示は外せない。明治26年に誕生した、心地よくビリリとしびれるように酔いが回るのが

浅草駅前で営業を続ける大衆酒場「神谷バー」。電気ブランやハチブドー酒は、今も人気商品だ！

評判の〝電気ブラン〟、そして甘みを加え日本人向けのワインに改良した〝ハチブドー酒〟は、ともに神谷傳兵衛によって生み出され、今も浅草駅前で営業している日本初のバーとして知られる「神谷バー」で嗜むことができる。こうした歴史に触れたあとに嗜めば、きっと、より味わい深いものになるだろう。

記念館以外にも、牛久シャトーの敷地内にある貯蔵庫はレストランになっているほか、ショップも充実。電気ブランやハチブドー酒のみならず、牛久シャトーオリジナルのワインやビール、茨城県の特産品までさまざまな商品を購入できる。

茨城県からワインのイメージが湧かない人も多いかもしれないが、かつて牛久市では広大な敷地を使ってブドウ栽培、ワイン製造が行われていたのだ。広大なブドウ畑だった場所は、戦後の農地

1

2

3

4

1.園内に敷かれたレールにはトロッコが走り、収穫されたブドウは醗酵室（現:神谷傳兵衛記念館）へと運ばれた。／**2**.日本のワイン王といわれ、牛久シャトーを創業した神谷傳兵衛。／**3**.甘めの味を好む日本人向けに開発されたハチブドー酒は、狙い通りの大ヒット商品に！／**4**.牛久シャトーのショップでも大人気の電気ブラン。

改革によって、現在は宅地へと姿を変えたが、明治時代の貴重な建築物が評価され、2007年には近代化産業遺産、2008年には国の重要文化財、さらに2020年には山梨県甲州市とともに日本遺産に認定。それだけに、これからの牛久シャトーにも目が離せない。

神谷傳兵衛記念館（牛久シャトー内）
［**住**］茨城県牛久市中央3-20-1
［**電**］029-873-3151
［**時**］10:00 ～ 16:00
［**休**］年中無休（年末年始及び臨時休館あり）
［**料**］無料

埼玉県

12

首都圏外郭放水路

関東に存在する地下神殿は、人々の暮らしを支える治水事業の結晶だった！

埼玉県春日部市の地下に広がる「地下神殿」の存在をもうご存じだろうか？

千葉との県境を流れる江戸川沿いに位置するその神殿は、首都圏外郭放水路の調圧水槽という施設。高さ18m、そして長さが177mにも及ぶ広大な空間が広がっており、59本もの小判型の柱がそびえ立つ。その光景は、まさにギリシャにあるパルテノン神殿そのものであることから、誰が名付けたか、地下神殿と呼ばれるようになった。

今では見学会（有料）に事前予約することで訪問でき、ガイドの解説付きで楽しめる観光スポットとなっている。施設の入り口から116段の階段を下れば、目の前に突然地下神殿が現れるのだ。その衝撃は、どこか異次元の空間にワープしたような、奇妙な感覚を覚えるほど。

では一体、なぜこれだけの施設が春日部の地下に造られたのだろうか？

春日部市周辺は、利根川、江戸川、荒川といった大河川に囲まれた地域であるにもかかわらず、平坦で川が流れにくい。そのため、水が溜まりやすい場所でもある。昔は田んぼが広がっていたが、宅地化が進んだことで保水力を失い、度々浸水被害に悩まされていた。

そうした浸水被害を抑えるために、巨大な放水路が誕生したのだ。中川流域の中小の川から溢れそうになった水を流すための立坑を数本掘り、地下をトンネルでつなぎ、トンネルから流れてきた水は、地下神殿と呼ばれる調圧水槽を通して、最終的には4台のポンプによって江戸川へと排水。そうした放水路の施設の中で、調圧水槽は、ポンプ4台分の排水量の幅に合わせ効率よくポンプに水を送り込み、さらには、ポンプを緊急停止した時に水の勢いを抑えるために造られた。

普段は見学会として公開されているが、台風やゲリラ豪雨などが発生した場合は施設が稼働し、実際に地下神殿に水を貯留することになる。これまでの約22年の間に142回、平均で年に7回ほどの頻度で施設は稼働しており、放水路の誕生によって、昔に比べはるかに浸水被害は軽減されたそうだ。

見学会のコースは4つ用意されており、迫力満点の立坑もオススメだ。深さ70mの立坑を上から覗くという、足がすくむほどのハラハラドキドキ感を味わえる。とはいえ、ヘルメット、安全帯を装備しての見学となるので、安全面はご安心を。

当初は年1回程度の開催だった見学会。しかし、見学希望者は後を絶たず、さらには2016年から実施されたインフラツーリズムにより、ダム、橋、港などの施設を観光資源として一般公開する動きが活発になったことからも、現在は基本的に点検日以外であれば見学会が開かれている。また、首都圏外郭放水路内に設置された「龍Q館」では、パネルやリアルに再現した模型を通して外郭放水路の機能や役割について知ることができる。

見学会に訪れた際、併せての訪問をオススメしたいが、「龍Q館」のみ、見学会に参加しなくても無料で入館が可能。

これだけの複雑な施設は、13年に及ぶ工事の末に誕生したそうだ。その壮大さ、そして我々の日常がいかにして維持されているかという凄さに、ただただ驚かされた。

首都圏外郭放水路

・有料見学会
［住］埼玉県春日部市上金崎720
［電］048-747-0281
［時］10:00 ～ 16:00（見学会の最終時間は17:00）
［休］毎日開催
（但し、年末年始、施設の管理運転日は除く）
［料］有料
（各コースの参加料金はHPにてご確認ください）

・龍Q館
［住］埼玉県春日部市上金崎720
［電］048-746-0748
［時］09:00 ～ 16:30
［休］月曜日／年末年始
（※月曜日は見学会参加者のみ入館可能）
［料］無料

1

2

3

1.地下22mに広がる広大な空間。こうした治水対策の施設によって我々の生活は成り立っている。／**2**.第一立坑の深さは70mにもなるだけに、上から覗くと足がすくんでしまうほどの迫力だ。／**3**.首都圏外郭放水路のさまざまな施設は、この操作室でコントロールされている。／**4**.施設の地下は、これだけ複雑な造りとなっている。

4

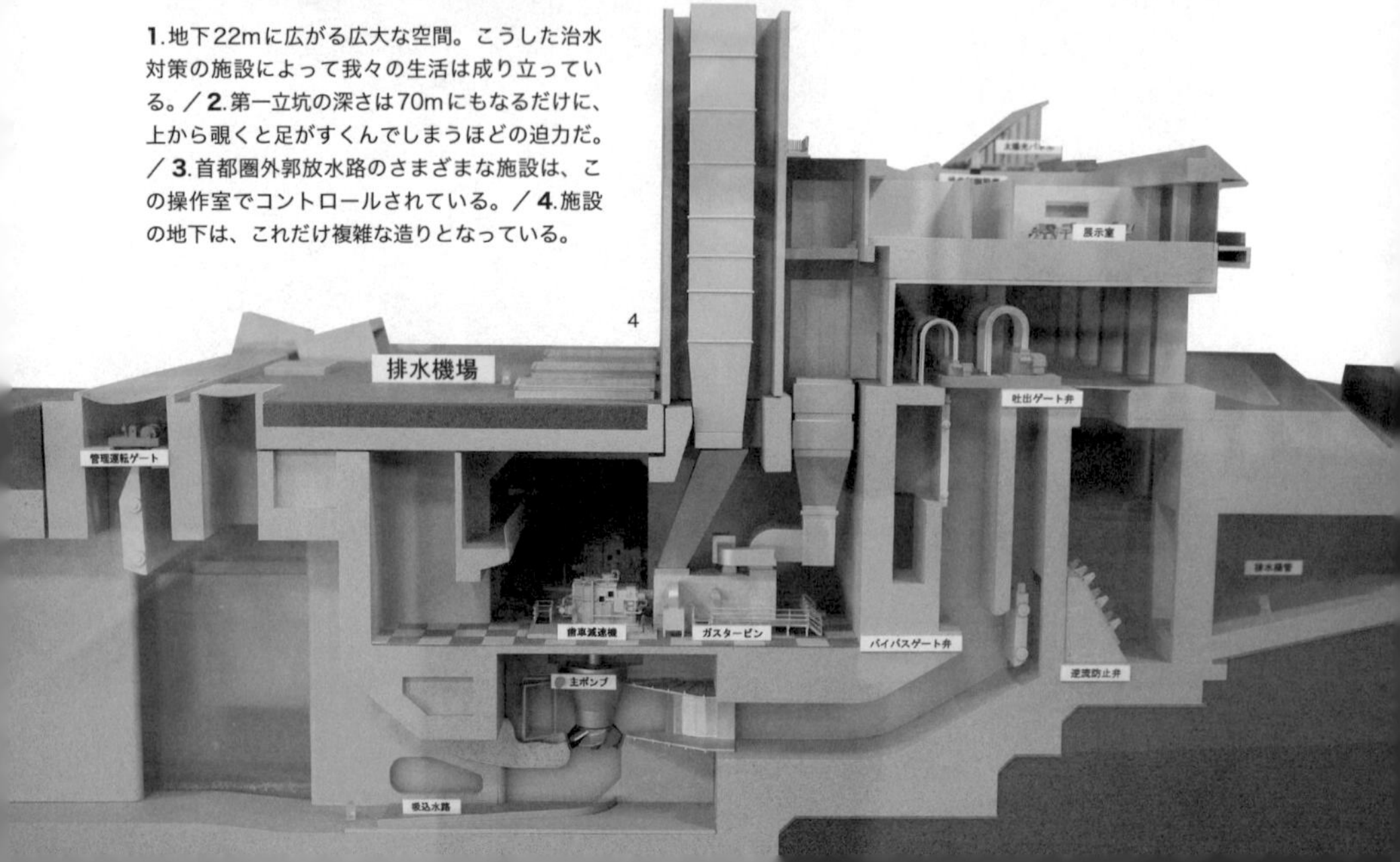

埼玉県

13 木力館

体感しなければわからない！
木の香りやぬくもりに浸れる、まさに木の“力”を感じられる博物館

美しい曲線を描く螺旋階段。これほどのカーブを削り出しながら描いたというのだから、その技術力の高さには本当に驚かされる。

国土の3分の2を森林が占め、ヒノキ、マツ、スギなど、世界に類を見ないほど豊富な種類の木々が生い茂る日本。木は住宅や家具、楽器、スポーツ用具などに使われ、我々の生活に密接に関わってはいるものの、その特徴や性質の違いなどはあまり知られていない。そんな中、埼玉県さいたま市には、〝木〟に関する情報を発信し続ける「木力館」というユニークな博物館がある。

その建物は、国産の良質な木材をふんだんに使用した、まさに木の博物館にふさわしい造りとなっている。柱と柱を貫《ぬき》で縫い合わせる、昔ながらの伝統工法である〝通し貫工法〟によって建てられており、金物などは一切使われていない。一階の床にはカラマツ、二階の床にはヒノキ、大黒柱には極太のポプラ、天井にはサワラのように国産のさまざまな木材が用いられており、館内に入れば木の香りやぬくもりを存分に感じることができる。

一番の目玉である木造の螺旋階段は、削るだけで一カ月、組むだけで一カ月と、家が一軒建つほどの手間がかかっている。木を曲げているわけではなく、太い木を曲がるように削り出したそうで、その技術力の高さ、そして曲線の美しさには大変驚かされる。

木力館を建てた大工さんが、趣味で何年もかけて作った三重の塔。

木力館は、この場所で材木屋を営む大槻忠男さんが運営している。材木屋を始めてから半世紀に渡り、北海道から鹿児島まで全国の山を見てきたという大槻さん。「自然の良さは、言葉や文章では表現できない！　実物を見て、体感するほかはない！」という想いから、五感を通して木を理解するための場所を造ろうと、平成18年10月にこの博物館を開館。

そうした大槻さんの想いもあり、入館すればスタッフが木について懇切丁寧に解説してくれるだけでなく、さまざまな体験ができる。青森ヒバ、サクラ、クリ、木曽ヒノキなどさまざまな種類の木の香りを体験したり、天然乾燥材、人工乾燥材、集成材という住宅建設に用いられる実際の木材を見たり触ったりすることで、その特徴や違いを知ることができるのだ。

家を建てる際、多くの人はコスト面を重視し材質にはあまり目を向けない。何を重視して家を建てるかは人それぞれだが、天然乾燥材、人工乾燥材、集成材それぞれにメリット・デメリットがあるため、各々の特徴に関心を持ち、体感を通して家を建てる方が、より失敗しない、納得がいく家づくりができるはず。身近なテーマであるものの、よそではなかなか聞くことのできない〝木〟の話を無料で聞くことができるのだから、本当にありがたい。

材木屋を営む傍ら、講演や講座を開催するなどさまざまな方法で情報発信を行っている大槻さん。さらには、積み木を県内の保育園に無償提供するなどの社会貢献も含め、活動は多岐に渡っている。

館内はとにかく心地が良く、冷暖房設備は扇風機のみではあるが、夏の暑い時期でも涼しさが感じられる。建てられて

国産の良質な木材がふんだんに使われた木力館。木の香りやぬくもりに存分に浸ることができる、唯一無二の空間だ！

1

2

3

4

1.日本の木のことを多くの人に知っていただきたいと熱弁してくれた館長の大槻さん。木に対する想いは、誰よりも熱い！／**2**.スギとヒノキの木目が美しい卵型のボールプールは、子どもたちに大人気。／**3**.二階は、明るくて涼しい開放感のある空間に。金物などを使わずに組まれた木々が、実に美しい。／**4**.材木屋が営む博物館だけに、敷地内には凄い数の木材が見られる。

から17年以上経っているのに、年月を感じさせない新築のような雰囲気であることにも驚かされる。

「多くの人に、木について五感で体験してほしい！」という大槻さんの熱い想いが詰まったこの博物館。来館すれば、木についての見方が変わり、より興味関心が湧くはずだ。

木力館

[住] 埼玉県さいたま市岩槻区新方須賀558-2
[電] 048-799-1560
[時] 10:00～16:00（12:00～13:00を除く）
[休] 木曜日・金曜日（お盆、年末年始はお問い合わせください）
[料] 無料

埼玉県

14

貯金全額をぶっ込んだコレクションの殿堂！　博物館で叶えた理想の老後生活とは⁉

森永卓郎B宝館

多くのモノに溢れる現代だけに、日本中にはレアなものから日用品に至るまで、さまざまなモノを集めるコレクターが存在する。多くのメディアでお馴染みの経済アナリスト・森永卓郎さんもその一人。埼玉県所沢市には、そんな森永さんが運営する個人博物館「森永卓郎B宝館」があるのをご存じだろうか？

館内に入れば、そこは別世界。部屋中にビッシリと並べられた棚には、ミニカーをはじめ、お菓子の箱、空き缶やペットボトル、フィギュア、タバコなど、おもちゃから日用品に至るまで、ハンパない数のコレクションが展示されている。その数は、一階と二階のフロア合わせて12万点に及び、とても一日では見切れないほど。来館者から「凄いね」「よくこれだけ集めたね」という声が飛び交うのも納得だ。

開館は月に一回（第一土曜日）とレア度が高いものの、開館日には基本的に森永さん本人も在廊。普段メディアで見られるような、飾らない気さくな雰囲気の森永さん。展示しているコレクションについて解説してくれたり、写真撮影やサインにも気軽に応じてくれるアットホームでほのぼのとした雰囲気も、ここの大きな魅力に思える。

小学校四年生の頃から、50年近くにも渡りコレクションを続ける森永さん。ミニカーに始まり、コーラ缶など次第にジャンルの幅も広がっていった矢先、コレクターとして有名な北原照久さんと番組で共演したことでコレクション熱が爆発。コレクションの種類は多岐に渡り、自分が可愛いと思うものであれば、何でも集め続けた。

数に驚くだけでなく、並べ方が実に綺麗。お茶のペッドボトルや缶コーヒーなど日常で見られるものでも、歴代のデザインが種類豊富に並んでいると、その光景は新鮮になる。昔と今のデザインを比較したり、昔のデザインを懐かしんだり、見る人の年代や嗜好によってい

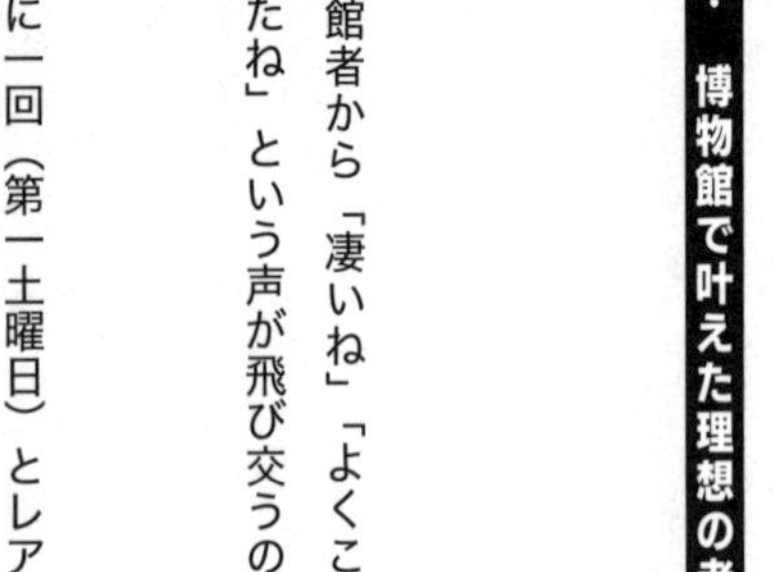

コレクションの中で一番高価な黄金のミニカー。
今の価値だと250万円にもなるそうだ。

1

2

3

4

5

1.普段飲んでるコーラには、これだけたくさんのデザインが見られる。コカ・コーラ社はサンタクロースを生み出しただけに、クリスマス関連のデザインが豊富。／**2**.棚の奥まで凄い数のコーヒー缶が展示されている。見たことあるものや飲んだことがあるデザインなど、目を凝らして探したくなる。／**3**.誰に対しても親切丁寧に対応してくれる森永さん。忙しい中、快く取材に応じてくださった。／**4**.トイレのピクトグラムは、コカ・コーラのボトルキャップで表現。／**5**.崎陽軒のお弁当に付いている醤油差し。金色は何千分の1の確率で出てくるほどレア。

ろいろな感情が出てくるのではないだろうか。とにかく見ているだけで楽しいが、気になったものがあれば森永さんに聞いてみよう。

自宅に近い所沢に1億8000万円をかけて開館し、その後の棚の増設やコレクションを並べるための依頼なども含めると、博物館には3億円近くをつぎ込んだことになる。「もし博物館を開いてなければ、東京でゆっくりした生活ができたと思います！」と語るように、B宝館は、金銭的には大きな負担となった。でも、ここを創ったことで、多くの仲間が集まり、さまざまな話で盛り上がることができる。そうした〝楽しさ〟こそが、森永さんにとってかけがえのない宝物であり、生きる愉しみになっている。

1

2014年の開館当初は来館者が10人に満たない日もあったものの、現在は、多くの人で賑わうようになった。今は近くの畑で汗を流し、経済アナリストの仕事も継続する傍ら、博物館にコレクションを並べ続ける日々を送っているという。また、多くの方面からコレクションを引き取っており、コロナ禍以降だけでも300箱近い段ボールが送られてきたそうだ。B宝館の展示物はこれからも増え続けるだろう。

かつては深夜0時に寝て2時に起きる仕事漬けの日々を送っていたという森永さん。食生活も乱れ、糖尿病によって余命宣告まで受けた過去もあるそうで、命を削ってまで稼いだ貯金を

コレクションの中で一番数が多いのがミニカー。清掃工場に見学に行かないと手に入らないごみ収集車、献血しないともらえない献血バスなどバリエーションも豊富だ。

3

1.森永さんのコレクションの原点となったミニカー。12万点にも及ぶコレクションはここから始まった。／**2**.入り口付近には食玩やお菓子のラベルがずらり。その中でも、グリコの食玩は、今まで製造された3万種類のうちの半分もの数が展示されている。／**3**.スーパーやコンビニで見慣れている商品も、これだけの数が並べば、見応えがあるだけでなく感動すら覚える。

ぶっ込んで、森永卓郎B宝館は誕生したのだ。

多くのコレクションに圧倒され、そして森永さんとのあたたかな触れ合いが魅力的な博物館。これからもコレクションは増え続け、まだまだ進化は止まらない。

森永卓郎B宝館

[住] 埼玉県所沢市けやき台2丁目32-5
[電] 04-2907-9591
（開館中はつながりません）
[時] 12:00 ～ 18:00
[開] 毎月第一土曜日のみ
[料] 大人800円／小学生以下400円

川にはベカ舟が浮かび、船宿や三軒長屋が建ち並ぶ。昔にタイムスリップしたかと思うほどの再現性で、感動すら覚える。

千葉県

15 浦安市郷土博物館

懐かしさ溢れるリアルな街並み！
夢の国がある場所は、貝が湧くほど獲れる漁師町だった!?

日本を代表するテーマパークであり、毎年多くの人が訪れる東京ディズニーリゾート。〝東京〟の文字が含まれてはいるものの、実際は千葉県浦安市に位置していることは周知の事実だろう。そんなディズニーリゾートから車で10分ほどの場所にある「浦安市郷土博物館」は、かつての漁師町だった町並みが再現され、当時の暮らしをリアルに体験できるという、気合の入った博物館だ。

博物館の一番の目玉は、屋外展示場「浦安のまち」だ。これは、戦争が終わり、浦安の90％が浸水したキティ台風の被害から立ち直った昭和27年の町並みを再現したもの。建物に並べられた家具は市民からの寄贈品が使われている。この時代をよく知る人の話をもとに当時の情景を再現しており、何気ない光景にもリアルさを求めるこだわりっぷりだ。博物館の屋外に突然広がる懐かしい町並み。昔へとタイムスリップしたかと思うほど再現性が高く、それゆえ写真を撮る人も多い。

この屋外展示場は、「浦安がどんどん新しく開発されていき、昔の雰囲気が無くなっていく中で、漁師町である浦安を

感じて体験ができる場所を」というコンセプトから誕生。市内にあった古い民家を調査して、浦安らしい古くて価値のあるものを選定しており、8軒ある展示のうちの4軒は、実際に市内にあった建物を移築したもので、県と市の有形文化財に指定されている。

浦安で一番賑やかだった一番通りには、銭湯、豆腐屋、小料理屋などを再現した建物があるほか、輪投げやコマなどの懐かしい遊びの体験、さらには今はほとんど町で見かけることのない駄菓子屋さんもある。市内を流れる境川を模した川には、のりを採るためのベカ舟が浮かべられていて、乗船体験ができるのも目玉の一つだ。

これだけのリアルな町並みがあるということから、近所の子どもたちの憩いの場になっているだけでなく、遠方からの

1

2

3

4

1.タイル造りや昔の商品ラベルに心揺さぶられる、タバコ屋さん。／**2**.昔ながらの銭湯は、豪華な造りの堂々たる佇まい。／**3**.館内には水槽もあり、東京湾や市内を流れる境川の魚も泳ぐ。／**4**.子どもたちに大人気の駄菓子屋さんもある。小さい頃、おこづかいを握りしめて買い物を楽しんだ人も多いはず。

館内には、昔の漁師町や、埋め立て工事の光景が小さな模型で再現されている。漁師たちの仕草が実にリアルで、細かいところまで見入ってしまう。

お客さんも多い。何気ない町並みの中に、突然古き良き町並みが広がるため、思わず驚きの声を上げる人も多いのだ。コロナ禍以前は外国人にも人気な場所であり、英語の解説書も発行されている。

屋内展示では浦安の町の変遷を紹介。「浦安の海は貝が湧いて出た」といわれるほどの漁師町だった当時の様子を伝えている。水槽の中を優雅に泳ぐ東京湾に生息する魚たち、漁師の人から寄贈された漁業道具、漁の様子を再現したかわいい模型など展示が豊富なだけでなく、漁師町だった海岸沿いで埋め立てが始まり、昭和の終わりに東京ディズニーランドが開業していく変遷を、デジタルパネルでわかりやすく学ぶことができる。

今の町並みからはこうした道具を使って漁をしていたとは想像もつかず、町の発展のスピードには本当に驚かされる。

埋め立てにより面積が四倍になっただけでなく、人口も増えている浦安市。町の開発が進み、他所から移り住んでくる人も多い。この博物館には「このような昔の暮らしを経て、今は便利な町になっている。その両極端を知ってもらいたい」という思いも込められているのだ。

どれだけ町が変わっていったとしても、博物館の中だけは昔懐かしい町並みがこれからも残され続けていくことだろう。

浦安市郷土博物館

[住] 千葉県浦安市猫実1丁目2-7
[電] 047-305-4300
[時] 09:30 ～ 17:00
[休] 月曜日（祝日の場合は翌平日）／祝日の翌日／館内整理日／年末年始
[料] 無料

東京都
16

ヘレン・ケラーも尊敬した、知られざる偉人の物語！
東京都心に残る奇跡の文化財とは！

塙保己一史料館

昭和初期に建てられたレトロチックな建物にビッシリと版木が並ぶ光景は、実に壮大だ。

絶えず多くの人々が行き交うスクランブル交差点がシンボルの東京、渋谷。そんな渋谷駅から15分ほど歩いた閑静な住宅地に、知られざる盲目の偉人の功績を語り継ぐ「塙保己一史料館」がある。

外観、そして館内の雰囲気から時代を感じるように、戦前である昭和2年に建てられた史料館。館内の保管室を覗けば、そこには江戸時代に作られた凄まじい数の版木が収蔵されており、どこか神秘的にも感じる光景が広がる。これらの版木は、塙保己一《はなわほきいち》が〝世のため後のため〟を想い、後世に残した大変貴重な文化財なのだ。

江戸時代の延享3（1746）年、現在の埼玉県本庄市にて生を受けた保己一。病気によりわずか7歳で失明してしまうものの、彼にはずば抜けて記憶力が高いという才能があった。一度本を読んでもらえば、その文章の一字一句を全て覚えてしまうのだ。

15歳で江戸に出て、学問の道に進んだ保己一。そこで彼は、古くから伝わる日本の歴史書や文学書が、散在や火災によってどんどん失われていることを知る。そこで保己一は、後の研究に役に立つ書物を後世に遺す活動を始めた。まだ活版印刷がない時代ということもあり、韓国や中国で取り入れられていた版木を用いることにしたのだ。

1

2

1.講演や講談で使われる二階の講堂。静かで懐かしい畳の匂いが漂う空間は、賑やかな渋谷とは思えない雰囲気だ。／**2**.ヘレン・ケラーも手を添えた、塙保己一の銅像。

文献調査のためにさまざまな場所を訪れては、門人に読み上げてもらった文章を全て記憶。そうして頭の中に刻み込んだ文章は、保己一が読み上げると同時に彫り師が版木に彫っていった。

40年に及ぶ一大事業の末、彫られた版木は17224枚。それを和紙に摺って666冊もの書籍にまとめた『群書類従』が誕生した。ところが保己一が亡きあと、これらの大量の版木は、個人では保管しきれないと明治政府に献納されるも、管轄や置き場所が次々と変わっていき、行方がわからなくなることもあった。関東大震災では保管していたレンガ造りの倉庫が崩れ、より強固な保管場所が必要とのことで、同じ埼玉県出身の渋沢栄一の協力により、今の史料館が建てられた。

昭和20年5月の東京大空襲の際も、多摩川の砂利を用いた鉄筋コンクリート製

版木に彫られた美しい文字の数々。これを全て手作業で彫ったとは、考えるだけで気が遠くなる。

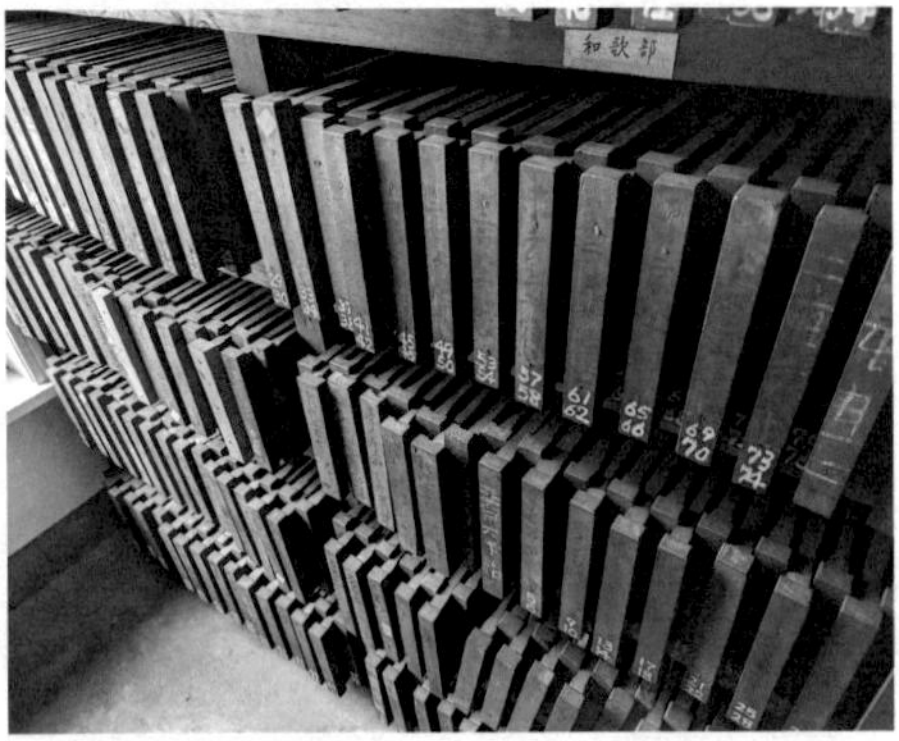

段違いになるように収蔵された版木。200年以上経っているため、墨で書かれた文字はだいぶ薄くなっている。

の建物は火事を免れた。江戸時代から230年間が経った現在でも、一階と二階の倉庫に17224枚の版木が一つも欠けることなく残されているのは、まさに奇跡だ。

これらの版木は、硬くて丈夫、そして耐水性に優れた国産のヤマザクラで作られている。全ての版木に、彫り師が彫った形跡がリアルに残され、彫られた文字は大変美しく、技術力の高さに驚くばかりだ。

史料館は昭和初期に建てられ、階段の手摺りには渦巻状の人研ぎ石、さらには柱がねじれたオシャレな造りの階段が見られるほか、二階の講堂は畳が敷かれており、渋谷とは思えないほど懐かしい雰囲気を感じることができる。

そして、塙保己一はあのヘレン・ケラーからも尊敬されていた。彼女は盲目ながら偉業を成し遂げた保己一を尊敬しており、昭和12年の初来日の際には、この史料館へも足を運んだ。館内に保管されている保己一の銅像に触れ、涙を流しながらその姿を確認したという。

世にはあまり知られてはいないかもしれないが、盲目でありながらも〝世のため後のため〟を想い生涯を全うした塙保己一。彼が残したたくさんの版木は、これからの日本の研究に役立っていくことだろう。

塙保己一史料館

[住] 東京都渋谷区東2-9-1
[電] 03-3400-3226
[時] 09:00 〜 17:00
[休] 土曜日・日曜日・祝日／年末年始（電話でお問い合わせ）
[料] 大人100円／小・中学生まで無料

東京都
17

旧日立航空機立川工場変電所

あまりにも、あまりにも痛々しい弾痕が物語る戦争の記憶

東京でありながらも、緑の多い狭山丘陵や多摩湖など、多くの自然が残る東大和市。市内には緑溢れる公園がたくさんあるが、玉川上水駅から歩いて数分の場所にある東大和南公園には、外観があまりにも異様な変電所の建物が残されている。

多くの家族連れで賑わう、ほのぼのとした雰囲気が漂う東大和南公園。そんな場所に弾痕だらけの変電所が建っているのだから、その凄まじいギャップのある光景に、驚かずにはいられない。

パッと見は廃墟とも思える雰囲気を漂わせているが、水曜日と日曜日の週二回、無料で一般公開されており、常駐しているスタッフがこの建物の背景について解説してくれる。一階には変電所の歴史がわかる写真やパネル、二階には漏電遮断器や配電盤が当時のまま残されている。

そもそも、東大和南公園は、陸軍の練習機である〝赤とんぼ〟に搭載するエンジンを作っていた立川工場の跡地だった。工場は昭和13年に創業し、電圧を下げて敷地内の建物へ電気を送るために、この変電所が建てられた。

その後、戦争が始まり、その戦火が本土に押し寄せると、立川工場は三度の空襲被害を受けることに。工場のほかの建物は、落下した500ポンド爆弾によって壊滅的なダメージを受け、

変電所設備の配置図

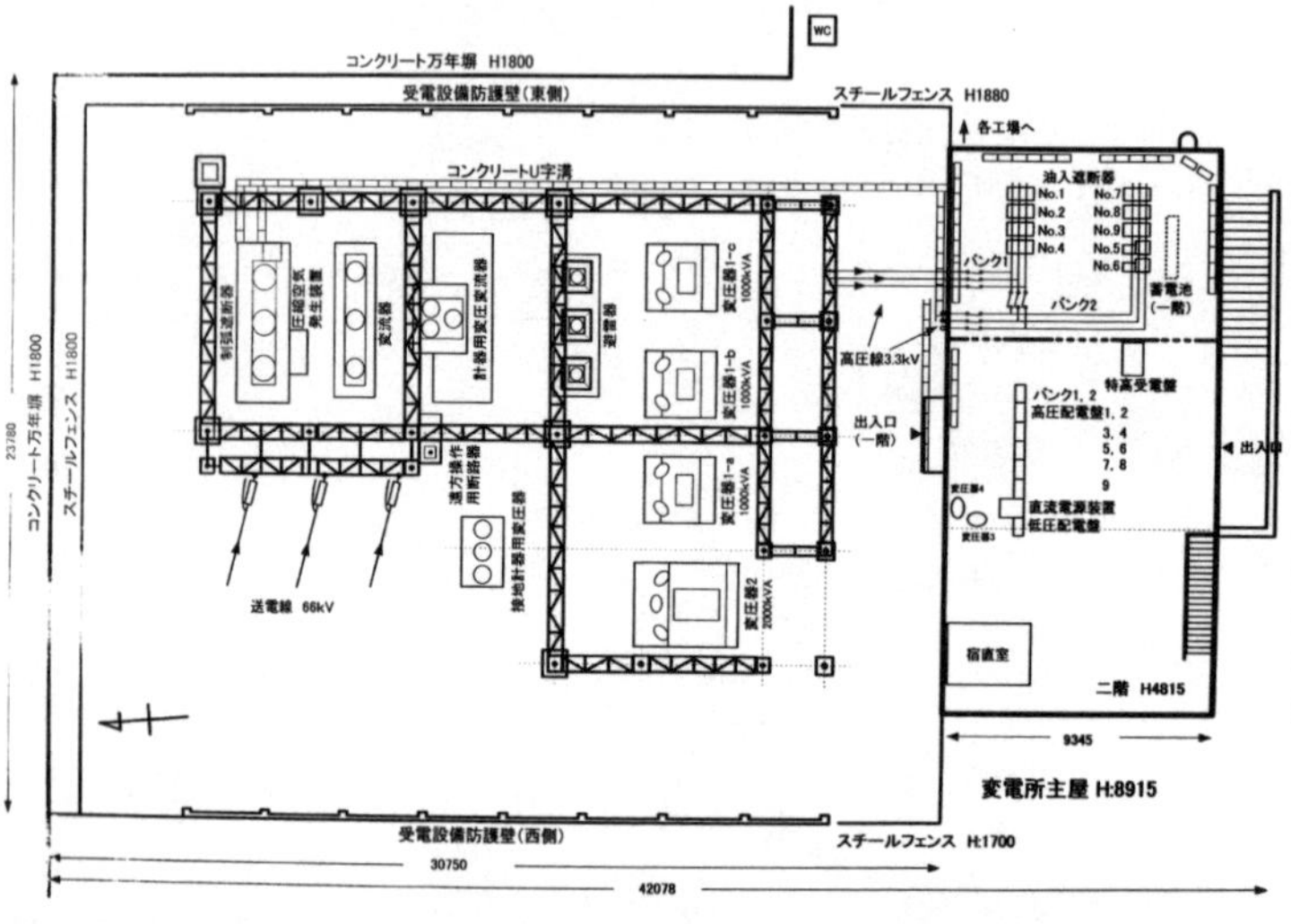

当時、変電所の建物には配電盤などの設備があり、建物の裏にも電圧を変えるための設備が整っていたようだ。

2
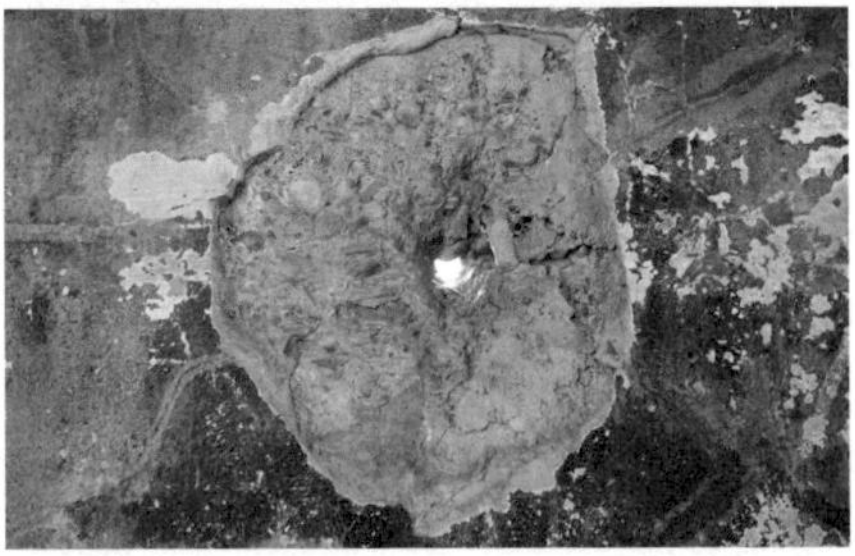

3

4
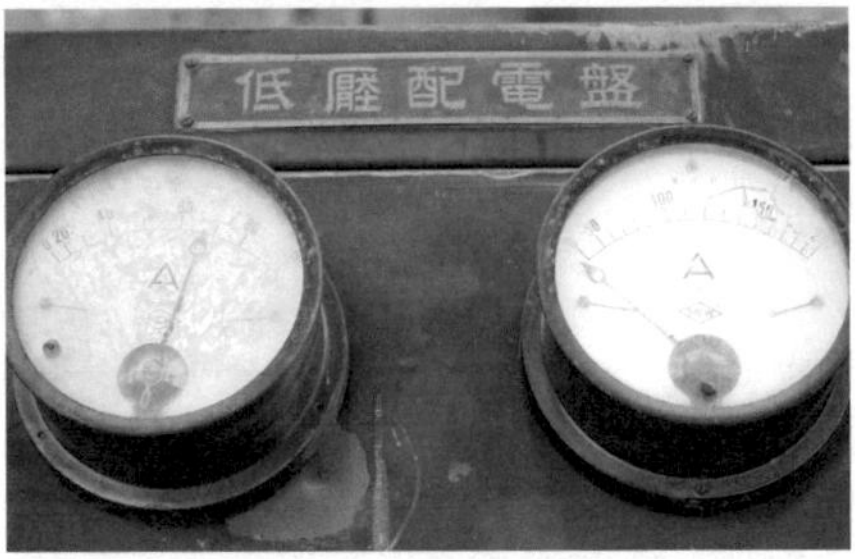

5

1.都内の公園で見られる、異様すぎる光景。"西の原爆ドーム"と並列されるほど、空襲の凄まじさを後世に伝える数々の弾痕が残る。／**2**.ぶ厚いコンクリート壁を貫く弾痕も見られるだけに、見てるだけで機銃掃射の威力に恐れおののいてしまう。／**3**.数々の弾痕だけでなく、錆び付いた扉からも建物の異様さが伝わる。／**4**.こうした旧漢字が見られるところにも、時代を感じずにはいられない。／**5**.変電所の建物だったということで、漏電遮断器や配電盤などの機械類がそのまま残されている。

変電所の建物にも、たくさんの機銃掃射の跡が残った。

終戦後、立川工場の跡地には米軍大和基地が建てられ、基地が返還されたあとは東大和市、東京都、西武鉄道で跡地を巡る争いが起きるなどの経緯を辿ることになる。そんな中、変電所の建物はというと、地元の公民館講座をきっかけに保存運動が起き、市民に空襲の歴史が広まるにつれて、残してほしい、保存してほしいという声が強まっていった。そのような市民の働きがあったことで、変電所の建物は1億3000万円かけて改修され、今に至っている。

こうして市民の力で保存されることになった変電所。戦前の建物ということもあり、TOTOの前身である東洋陶器の洗面台や、配電盤などに見られる旧漢字の文字など、時代を感じるものも多い。また、一階で上映されている15分ほどのビデオは、変電所で働いていた人の証言もある貴重な映像なので、ぜひ見てほしい。

とはいえ、凄まじい数の弾痕なだけに、どうしてもそこに目がいってしまう。特に、一階の壁を突き抜けた弾痕を見ると、その威力の凄まじさに驚愕してしまう。この機銃掃射跡はどのように刻まれたのか。建物の正面に刻まれた跡は、この工場を襲った二回目の空襲である1945年4月19日に残された可能性が高いとのこと。しかも、建物への攻撃ではなく、逃げ惑う市民を狙ったと考えられるそうだ。

そうした弾痕は、外側だけかと思いきや館内にまで多く見られるため、訪問した際はぜひその光景も目に焼き付けてほしい。

東京にも、空襲による被害を受けてから当時の姿のまま保存されている、とても貴重な戦争遺構が残されている。

旧日立航空機立川工場変電所

[住] 東京都東大和市桜が丘2丁目

[電] 042-567-4800（東大和市立郷土博物館）

[時] 10:30 ～ 16:00

[開] 水曜日・日曜日（年末年始を除く）

[料] 無料

神奈川県 18

風船爆弾、偽札、生物兵器……　有名大学に残された秘密戦兵器の物語

明治大学平和教育登戸研究所資料館

登戸研究所時代から使われていた建物は、農学部の研究室を経て資料館に。多くの謎に包まれていた研究所の全貌が館内にまとめられている。

日本中を探してみれば、想像以上にたくさんのテーマを扱う博物館が見つかるものだ。戦争を扱う博物館においては、特攻の歴史を語り継ぐ場所もあれば、陸軍・海軍にまつわる飛行場の歴史を語り継ぐ場所のほか、空襲や原爆における歴史を語り継ぐ場所などもある。ところが、有名大学である明治大学の敷地内に、秘密戦兵器・資材を研究・開発していた歴史を語り継ぐ、とても珍しいテーマの資料館があることはあまり知られていない。

小高い丘に位置する明治大学の生田キャンパス。その隅に佇んでいる建物が、「登戸研究所資料館」だ。昭和14年頃に建てられた登戸研究所時代の貴重な建物の扉を開けると、かつてこの場所で研究されていた知られざる歴史に触れることができる。

登戸研究所は、陸軍が管轄していた研究所。電波兵器開発に端を発し、その後は日中戦争の戦局悪化を打開すべく偽札製造、化学兵器の開発が行われ、さらに太平洋戦争末期になると、風船爆弾の研究も行われるようになった。

地元の小学校を出たばかりの子どもたちなど、働いていたのは若い人が多く、研究所のことは誰にも話してはいけないというプレッシャーはあったものの、給料は良く、働きやすい雰囲気だったそうだ。日中戦争、太平洋戦争と戦時中にも開発・研究が続けられ、戦局の悪化から本土決戦が想定されると、研究所の機能はより内陸の長野県へと移されることとなる。戦後には、この研究所の情報収集のためにアメリカ軍による関係者の取り調べが行われ、資料などはほとんどが処分された。

その後、研究所の跡地には、明治大学新制農学部の新校舎が開設され、今に至るとのこと。

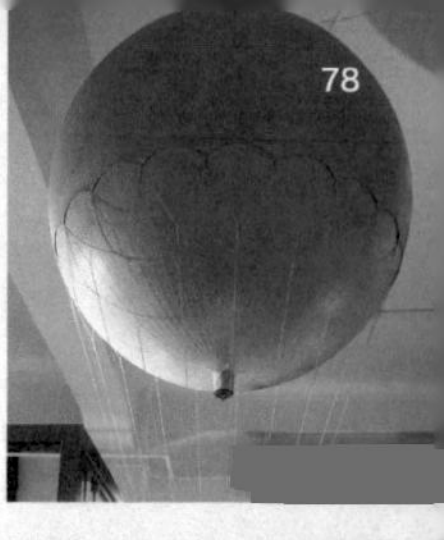

アメリカまで飛んだ風船爆弾の10分の1模型。先端には、高度を維持するための砂袋がたくさんぶら下がっている。

そうした歴史を経たものの、ここでどういった研究が行われていたかは公にされず、関係者も口を閉ざしたままだった。ところが、研究所で働いていた伴《ばん》繁《しげ》雄《お》さんが当時の記録をまとめた書籍を出したことによって、その詳細が明らかになっていった。伴さんがいなければ、今ほど研究所の背景は明かされていなかったかもしれない。

館内では、風船爆弾、化学兵器、偽札など登戸研究所で製造していた兵器・資材が詳しく紹介されている。解説が書かれたパネルや映像、さらには伴さんをはじめとした関係者から提供された資料も豊富で、関心のある人であればあっという間に時間が経ってしまうだろう。こうしたテーマということもあり、来館者も静かに、じっくりと目を通す人が多い。

大変珍しい兵器・資材の開発ということで、その背景はどれも新鮮で驚くものばかり。あのアメリカ本土を攻撃した世界初の大陸間横断兵器である風船爆弾は、一つの気球に４０００～５０００枚もの和紙を貼り合わせて作っていた。貼り合わせにはこんにゃくを用いており、その影響で日本中からこんにゃくが消えたという。

そのほかには、海外に送り込まれたスパイが使用したと思われる隠しカメラ、秘密インキ、缶詰型爆弾、生物兵器、毒物などの兵器に加え、中国で用いられていた紙幣である法幣の価値を低下させるために大量生産した偽札など、そうした戦争の暗部でもある日本軍が実際に行ってきた活動の背景が、ここにはある。

今もキャンパス内で一般公開されているのは、明治大学の方針として平和教育にも力を入れているため。研究所に関して多くのことはわかってきたものの、陸軍の中で登戸研究所がどういう位置付けだったのかなど、まだ明らかになっていないことも多い。

太平洋戦争が終戦してから80年近くが経とうとしており、おじいちゃんやおばあちゃんも戦後生まれになっている昨今。戦争のあった歴史の地続きで今の私たちが生活していると、本資料館を通してより多くの人に実感してほしい。

明治大学平和教育登戸研究所資料館

[住] 神奈川県川崎市多摩区東三田１丁目１
[電] 044-934-7993
[時] 10:00 ~ 16:00
[休] 日曜日～火曜日／年末年始（※そのほか、大学の都合で臨時休館になる場合あり）
[料] 無料

神奈川県 19

目を疑うレベルの超絶技巧！　かつて世界中を魅了した、幻の焼き物とは⁉

宮川香山 眞葛ミュージアム

世界を魅了した数々の作品が展示された、たいへん贅沢な空間。植物や動物たちの生き生きとした姿が見事なレリーフで描かれていて、どの作品も目を凝らして見てしまう。

瀬戸焼、九谷焼、有田焼など、日本には、産地によって焼き方や色合いの異なる伝統的な焼き物が数多く存在している。そんな中、みなとみらいや中華街などの観光スポットがある横浜には「宮川香山《みやがわこうざん》 眞葛ミュージアム」という、かつて世界を魅了した幻の焼き物を扱う美術館がある。

横浜駅から徒歩10分ほどの場所に位置する眞葛ミュージアム。館内に足を踏み入れると、こぢんまりとした施設ながらも、展示は実に濃い。タカ、カニ、カエル、ハスなどの動植物が壺の周囲に立体的に彫られたド派手なものから、グラデーションに富んだ美しい花鳥風月が描かれた作品までがずらりと並ぶ。一目見るだけで、そのレベルの高さ、作品の美しさに魅せられてしまうはずだ。

港町として歴史を刻んできた横浜からは、焼き物のイメージが湧かない人も多いはず。そんな横浜で、なぜ、眞葛焼が生まれたのかは実に気になるところだ。

眞葛焼は、京都で生まれた宮川香山によって生み出された。香山が京都にいた当時は、坂本龍馬が暗殺されるなど治安が悪化し不安定な情勢だったものの、開港した横浜に

1

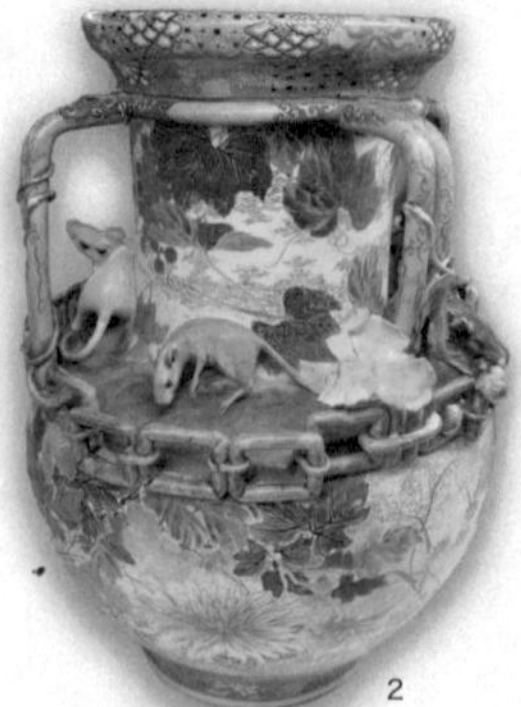
2

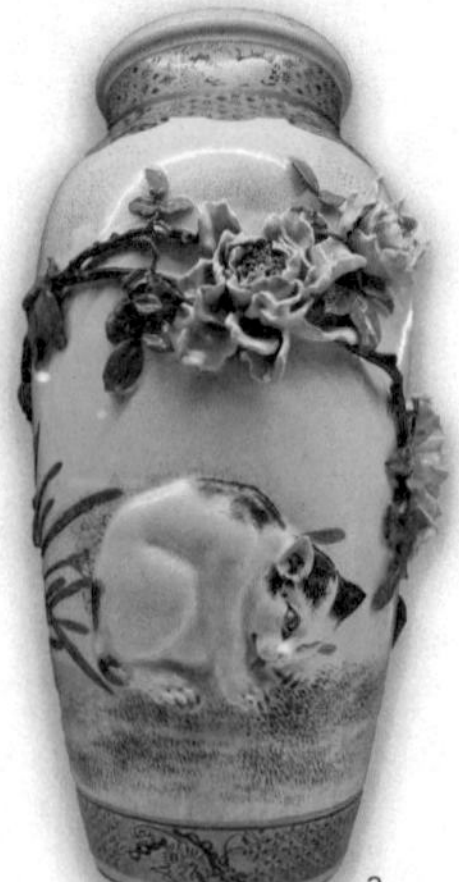
3

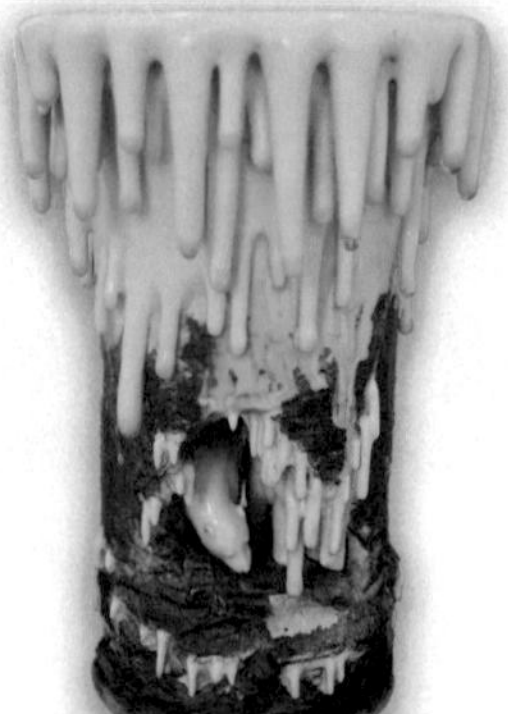
4

5

1.鳥と植物をカラフルに仕上げた「花ニ鳥細工楽園花瓶」／**2**.ネズミたちが動き回り、実に独特な形をした「葡萄鼠細工花瓶」／**3**.厳かな表情のネコが印象的な「猫ニ花細工花瓶」／**4**.したたる氷柱が美しい「氷窟ニ白熊花瓶」／**5**.見るものを驚愕させるほど豪快な高浮き彫りの作品。タカの生き生きとした姿が印象的だ。／**6**.豪快な高浮き彫りとは異なり、落ち着いた雰囲気の釉下彩を用いた作品。／**7**.初代宮川香山が亡くなる直前に制作した遺作。／**8**.作品には枯れた蓮の葉が度々用いられ、江戸時代中期に活躍した絵師・伊藤若冲の作風を彷彿とさせる。

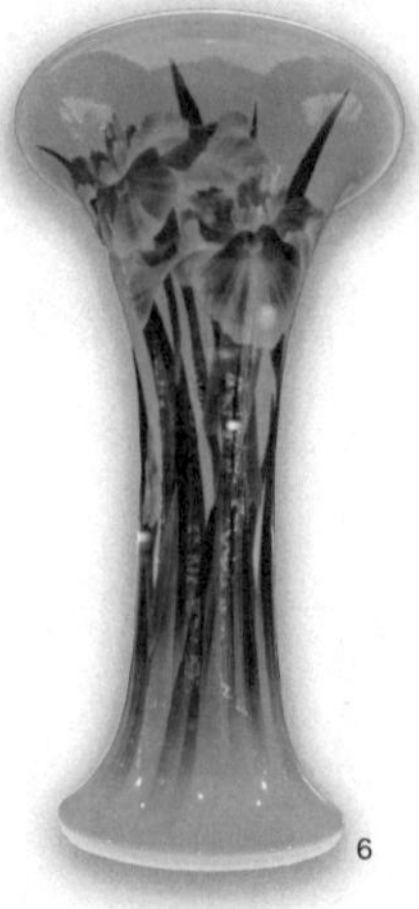
6

7

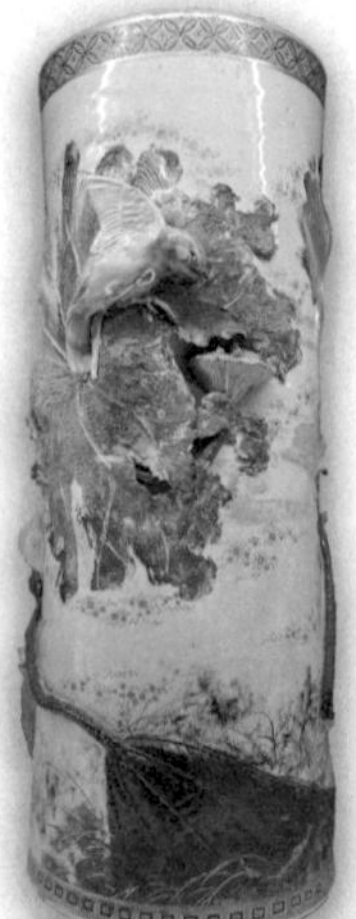
8

は多くの外国人が訪れていた。日本の焼き物の人気が非常に高いことを知った香山は、横浜の地で窯を開業することを決める。焼き物に適した土を探すことに苦労するも、技術力の高さから多くの外国人を魅了し、それは海外の万国博覧会で数々の賞を受けるほどだったのだ。

館内に展示してある作品を見れば、その実績にも納得するはず。立体的に表現された高浮き彫りは、動物たちの表情がリアルなだけでなく、生き物の細い足までもが折れずに焼き上げられているのが実に見事。さまざまな角度から鑑賞すると、ハスの葉の裏にカニが隠れていることに気づいたりするため、ひとつの作品でもあらゆる角度から、そして細かい部分まで、つい目を凝らして見てしまうのだ。

ド派手なものから落ち着いたものまで、眞葛焼は実に幅広いのだが、これは宮川香山がその時々のニーズを作品に反映させていたため。派手な作品が人気の時は高浮き彫りを作成し、日本らしい清楚で淡白な作品が流行れば、釉下彩《ゆうかさい》を用いた美しい色合いの作品を作成していく。多くの外国人を魅了したのには、宮川香山がマーケティングに長けていたからでもあるそうだ。

そんな眞葛焼は、外国人が買い求めたことから国内にほとんど残されておらず、さらには横浜大空襲の被害で窯が閉鎖してしまったことから、国内で目にすることが滅多になく、日本では幻の作品といわれていた。

眞葛ミュージアムは、「お菓子を通じて横浜の歴史・文化を継承する」ことを理念とする三陽物産が運営しており、郷土史家でもある代表取締役の山本博士さんによって創設された。〝眞葛焼を多くの人に知ってほしい〟という、山本さんの熱い想いが詰まった施設だ。展示物は、全て山本さんが収集したものであり、眞葛焼は海外から買い戻した作品がほとんどとのこと。

かつては１０００坪の広さがあり、多くの外国人が押し寄せた眞葛窯のあった敷地は、今は閑静な住宅地となっており、その名残りは見られない。それだけに、眞葛焼が忘れ去られないためにも、眞葛ミュージアムの存在は大きい。故郷へ里帰りした数々の焼き物は、これからも多くの来館者を魅了することだろう。

宮川香山 眞葛ミュージアム

［住］神奈川県横浜市神奈川区栄町6-1
［電］045-534-6853
［時］10:00～16:00
［開］土曜日・日曜日（ただし、年末年始など休館あり）
［料］大人800円／中・高校生500円／小学生以下 無料

梅万資料館（欄干橋ちん里う）に並ぶ、小田原名物の梅干し

コラム

小田原　街かど博物館

地域をひとつの博物館とみなして、その地域の遺産を見出し、保全し、教育や地域づくりに生かしていく「エコミュージアム」という考え方があるのをご存知だろうか？　確かに、日本には100年以上続く老舗も多い。歴史ある町を散策する際に、そうしたお店を回りながら地場産業に触れるのも、一つの観光の楽しみだろう。

博物館を通して地域の魅力を知ることができる町として、今回はかまぼこで有名な神奈川県の小田原市を紹介したい。小田原には古くから栄えた産業文化が今でも多々見られることから、かまぼこ、うめぼし、かつおぶし、ひもの、寄木細工、漆器、鋳物、陶器などを扱うお店を「街かど博物館」としているのだ。

この取り組みが始まったのは、平成9年。始めは3館だった「街かど博物館」は、徐々に数を増やし、現在は全部で17館になっている。

小田原には、一年を通して多くの観光客が訪れる。目玉の小田原城以外にも、近年では小田原漁港の「漁港の駅 TOTOCO小田原」、駅前に誕生した江戸情緒漂うショッピングモールの「ミナカ小田原」などのスポットも人気だ。とはいえ、そうしたエリアにばかり観光客が集中してしまうことや、後継者不足の問題は深刻。そのため、「街かど博物館」には、知られざる地場産業を盛り上げて地域活性化を目指し、なおかつ次世代の担い手になってくれる人が現れれば、という期待が込められているのだ。

実際に観光客が「街かど博物館」を巡る際には、ガイドマップが必須。各店舗の概要や場所など、必要な情報は一通りここにまとめられている。各博物館や市内の主要な観光スポットに置いてあるため、容易に手に取ることができるはずだ。本書の取材を兼ねて、著者自身も全17

JR小田原駅にある、巨大な小田原ちょうちん

かまぼこ博物館（鈴廣）で見られる、
かまぼこ作りの様子

館を巡り、店主さんとの会話を通し、存分に小田原の魅力を堪能させていただいた。その中でも、特に伝えたい魅力を紹介したい。

かまぼこ

小田原の名物といえば、〝かまぼこ〟を思い浮かべる人は多いはず。「街かど博物館」にはかまぼこに関する博物館が2カ所あり、職人によるかまぼこ作りの様子を観察できたり、かまぼこの手づくり体験ができたりする。また、観光名所であるかまぼこ通りで食べ歩きもできるなど、楽しみ方はさまざま。「街かど博物館」に含まれている慶応元（1865）年創業の「鈴廣」、天明元（1781）年創業の「鱗吉《うろこき》」だけでなく、市内にはたくさんの老舗かまぼこ店が見られるため、「街かど博物館」巡りのついでにほかの店舗に足を運んでみるのもいいかもしれない。

木地挽きろくろ工房（大川木工所）に並ぶ小田原漆器

伝統工芸小田原漆器

室町時代から続くとされる小田原漆器も実に興味深い。江戸時代は漆を塗るのみだったが、明治に入ってからは木地師もするようになった。明治20年創業の「石川漆器」は、当初は武具に漆を塗ることから始まり、現在では木地づくりの工程も行っている。店内には国産のケヤキに見られる美しい木目を生かした商品や、色漆を施すことで朱色や黒色を呈した器などが見られる。

その全てが、使い手のことを考えながら、職人によって一つ一つ手づくりされたもの。スプーン一つにしても、口当たりの良さを考えた薄さにしており、持ち手は持ちやすさを意識した形となっている。塗られている天然の漆は抗菌効果も高く、化学物質ではなく天然の樹液であるため、口につけるスプーンに用いるには最適だ。

これまで器について無関心だった著者も、そうした話を聞いてるうちにどんどん興味が湧いてくる。どの商品を見ても木目が違い、同じ商品は一つとしてないという点も、安価な商品には見られない愛着が湧くポイントだ。

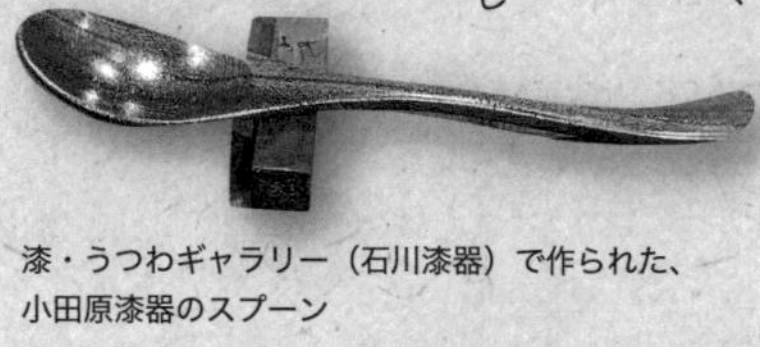
漆・うつわギャラリー（石川漆器）で作られた、
小田原漆器のスプーン

薬博物館（済生堂薬局小西本店）の趣ある店内

古い建物も魅力

小田原は関東大震災や太平洋戦争の空襲の被害を受けてはいるものの、市内には古い建物が数多く残っている。「街かど博物館」にも昔ながらの建物を構えたお店は多々見られ、寛永10（1633）年創業の小西薬局は、関東大震災で倒壊した翌年に再建された建物。ケヤキがふんだんに取り込まれた風情ある雰囲気となっており、店内にある薬箪笥は、ジブリ映画『千と千尋の神隠し』に登場したことで、子どもたちにも人気だ。壁の上部に掲げられた取引先の製薬会社による広告も古く、今は無き企業名が残されているのも時代を感じる。

明治26（1893）年創業のだるま料理店の建物は、関東大震災で倒壊したものの、ブリの大漁で得た資金をもとに再建。お金に糸目をつけず、そして釘を一本も使わず、スギ、ヒノキ、ケヤキを取り入れた建物で、風情を感じる堂々たる佇まい。「街かど博物館」として開放している待合室には格天井、階段脇にはコウモリの意匠などが見られ、職人のレベルの高さ、そして美しさには本当に驚かされる。このように、市内に残された風情ある建物を眺めながら歩くだけでも楽しい。

のれんと味の博物館（だるま料理店）の待合室

のれんと味の博物館（だるま料理店）の外観

有名観光地である箱根とのつながり

小田原のすぐ近くには、日本を代表する有名観光地・箱根がある。それゆえ、かつおぶし博物館の「籠常」では、かつおぶしを箱根の旅館に提供していたり、陶彩ぎゃらりぃの「松崎屋陶器店」では、箱根の旅館や飲食店で使われる食器を卸していたりと、箱根とのつながりも感じることができる。

陶彩ぎゃらりぃ（松崎屋陶器店）の二階の展示室

「松崎屋陶器店」は、一階が商品売り場で二階が「街かど博物館」としての展示室となっており、よそではあまり見られない貴重な陶器を見ることができる。九谷焼の飾り湯飲みは、床の間などに飾るための湯のみ。曲がった筆で逆さに文字を書く技術が必要で、美しさや技術の高さには実に驚かされる。さらには、日本にクリスタルガラスを広めた各務鑛三《かがみこうぞう》が製作した日本に数点しかないクリスタルガラスの作品、美しい江戸切子、人間国宝・吉田美統の貴重な作品などを、解説付きで、しかもガラス越しでなく間近で見ることができるのが嬉しい。

どの「街かど博物館」も、店主さんがお店の歴史や商品について親切に説明してくれるため、知識が増えるだけでなく、小田原の街にも愛着が湧いてくる。自身も小田原には何度も足を運んではいたものの、こうした機会だからこそ足を運んで知った地場産業も多かった。小田原漆器の店舗を訪問した際、お店の人から素材の良さや職人のこだわりを聞いたことで、安さ重視ではなく、より良いものをより大事に使いたくなったし、巡ってみたからこそ気づくことも多かった。

陶彩ぎゃらりぃ（松崎屋陶器店）で見られる、飾り湯飲み

「街かど博物館」にはスタンプラリーの要素もあり、各店舗を訪問した際にはガイドマップにスタンプを押してもらえる。そして10館、または全17館を巡ったあとに、小田原宿なりわい交流館へ行けば、小田原ならではのグッズがもらえる。

「街かど博物館」の施策を続けるにあたっては、PRの面や各店舗の高齢化など課題はあるものの、多くの人が小田原の知られざる魅力に触れることができる貴重な機会になるはずだ。小田原以外にも、「街かど博物館」を展開している地域はところどころに見られる。博物館を通して、これからも地域の知られざる魅力を発掘していきたい。

小田原駅周辺エリア

小田原・街かど博物館一覧

小田原駅前梅干博物館（ちん里う本店）
明治４年創業。梅干や梅酒などの梅にまつわる商品が並ぶ店内の奥には、梅干し漬けの巨大樽、さらには明治時代から毎年作られている梅干がずらっと並ぶ圧巻の光景が見られる。

倭紙茶舗（江嶋）
寛文元年創業。歴史を感じる商家建築の店内では、厳選された日本茶、さらには和紙、雑貨などの日用品を幅広く取り扱っており、昔の帳簿や財産台帳などが展示されたコーナーも見られる。

のれんと味の博物館（だるま料理店）
明治26年創業の料理店。蜘蛛の巣やコウモリの意匠、さらには待合室や食堂の天井に見られる格天井など贅を凝らした建物が見もの。

漆・うつわギャラリー（石川漆器）
明治20年創業の小田原漆器を扱う老舗店。国産の木材、天然の漆を用いた手作りの漆器が並び、展示品について懇切丁寧な説明を受けられるのが嬉しい。

漬物・佃煮・惣菜工房（田中屋本店）
大正11年創業。小田原名産の梅干をはじめ、漬物、佃煮、わさび漬けなどのお惣菜を取り扱っており、「梅コロッケづくり体験教室」などの体験教室も開催している。

砂張ギャラリー鳴物館（柏木美術鋳物研究所）
室町時代からの伝統を受け継ぐ鋳物製品の工房。工房内には風鈴、鈴、花瓶、仏具など幅広い鋳物が並び、品物ごとの音色とともに、鋳物の歴史に触れることができる。

板橋・早川エリア

木地挽きろくろ工房（大川木工所）
昭和元年創業。店舗には木目が美しい手作りの漆器が並び、小田原漆器の伝統工芸士として唯一の木地師を努める大川さんの説明とともに、小田原漆器の歴史に触れることができる。

かまぼこ博物館（鈴廣）
慶応元年創業の老舗が運営。かまぼこや鈴廣にまつわる歴史が展示されているほか、製造風景の見学、さらには、かまぼこづくり体験（要予約、有料）が人気。

旧東海道エリア

かまぼこ歴史館（鱗吉）
天明元年創業のかまぼこ屋。昭和中期のかまぼこの製造風景などの写真が見られるほか、炙りたての揚げ物の食べ歩きが人気。

ひもの工房（早瀬幸八商店）
大正元年創業の無添加甘塩干物の老舗店。午前中は、さばき作業中の工場を見学できるほか、有料で干物づくり体験（予約制）も可能。

薬博物館（済生堂薬局小西本店）
寛永10年創業の薬局。大正14年に建てられた風情ある店内には、今の時代には珍しい昔の薬箪笥や昔の製薬会社の広告などが見られる。

かつおぶし博物館（籠常）
明治26年創業。大正13年に建てられた昔ながらの店内では、削りたてのかつおぶしを、昔ながらの量り売りで販売してくれる。

梅万資料館（欄干橋ちん里う）
明治初期創業の梅干、佃煮などの専門店。さまざまな種類の梅干の種や、梅干の種で作られた独特な小田原城の模型など、梅干にまつわる展示が豊富。

染め織り館（山田呉服店）
明治8年創業の老舗呉服店。染物・織物を取り扱っており、小田原の土地や歴史に由来のあるオリジナルてぬぐいが人気。

陶彩ぎゃらりぃ（松崎屋陶器店）
明治20年創業の130年以上続く陶磁器の専門店。2階では歴代店主が収集したコレクションを見学できる。

寄木ギャラリー（露木木工所）
全国に名高い伝統工芸品である箱根寄木細工を製造販売している。どの作品も、自然の木の色を組み合わせることで美しい模様が作られ、小物入れ、お盆、茶筒などの生活用具が展示・販売されている。

ひもの体験館（カネタ前田商店）
早川漁港の近くで新鮮な魚を干物で提供する老舗。干物だけでなく塩辛も人気であり、店内の一角では、昔の干物作業を写した写真も見られる。

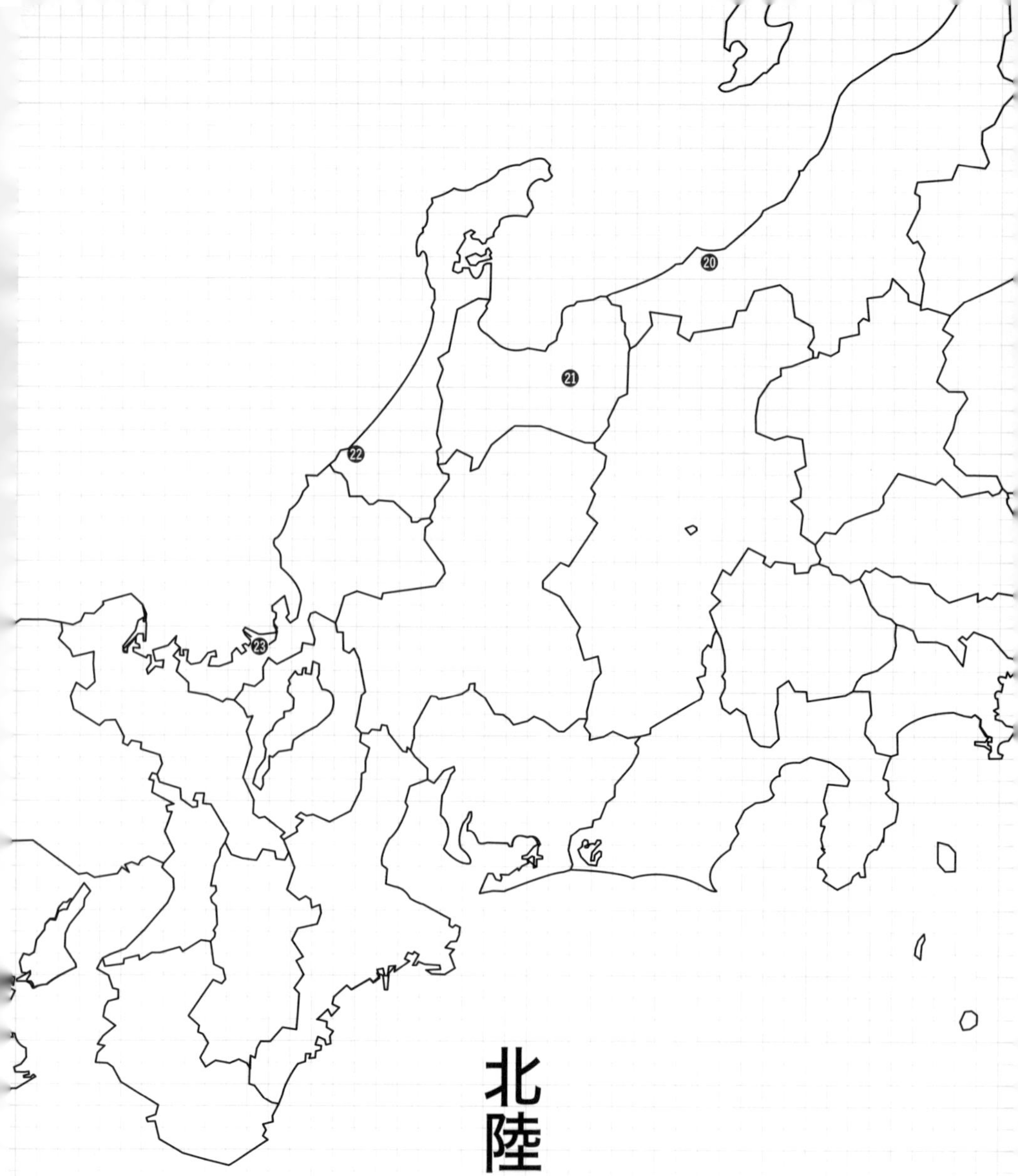

北陸

新潟県	⑳ 瞽女ミュージアム高田
富山県	㉑ 立山カルデラ砂防博物館
石川県	㉒ 中谷宇吉郎 雪の科学館
福井県	㉓ 福井県年縞博物館

新潟県 20

厳しい修行を乗り越えた盲目の女性たちの記憶。
今はなき“瞽女”文化とは⁉

瞽女ミュージアム高田

かつては麻屋だったミュージアムの建物。改修費を賄うための募金活動や斎藤真一の作品を寄贈してもらうための署名活動など、開館までにはさまざまな物語があった。

地域の風習やお祭りなど、日本にはその土地に伝わる多くの文化、そして歴史が引き継がれている。しかし、その一方で、時代の変化によって消えゆく文化も多い。その一つとして、日本にはかつて瞽女《ごぜ》という文化があり、新潟県上越市の高田には、その歴史を語り継ぐ「瞽女ミュージアム高田」がある。

高田城址公園の桜、さらには雁木《がんぎ》町家という独特の町並みで知られる高田。その町で、昭和12年に建てられた町家建築の建物を活用しつつ、瞽女ミュージアム高田は瞽女の文化を発信している。

瞽女とは、厳しい稽古で身に付けた三味線芸を披露していた盲目の女性たちのこと。3～4人が組を作り、農山村の奥地まで訪ねては、身に付けた三味線芸を披露することで生計を立てていた。福祉が充実していなかった昔は、盲目でも按摩や瞽女などの職について自ら生きていかなくてはならなかったのだ。

その組織は女性だけの集団であり、掟は非常に厳しい。親方師匠は絶対であり、特に異性問題には大変厳しく、過ちを犯した場合は追放され、結婚も許されなかった。

かつて、瞽女は東北や北海道を除いて全国にいたものの、明治期になると新潟県にのみ残った。しかし、ラジオやテレビなどの娯楽が普及したことなどで高田瞽女は1964年に姿を消し、長く続いた瞽女の文化は終焉を迎えることとなった。

瞽女ミュージアム高田は、日本で唯一、瞽女文化を後世に伝えていくための資料館として2015年11月に開館。採光のため、建物の中に大きな吹き抜けが作られた独特の町家建築には、高田瞽女を描き続けたことで知られる画家・斎藤真一の絵や書籍が展示されている。さらには瞽女の活動を記録した映像などから、その文化に触れることができる。また、スタッフが瞽女に関するさまざまなことを説明しながら館内を案内してくれるのも嬉しい。

1

2

3

4

1.ミュージアムの建物は天井までが吹き抜けとなっており、表二階と裏二階を渡り廊下で行き来するという、この町ならではの独特の造りになっている。／**2**.昭和52年には、岩下志麻や樹木希林が出演する瞽女をテーマにした映画『はなれ瞽女おりん』が公開された。／**3**.斎藤真一が記した書籍を中心に、瞽女にまつわるさまざまな資料も手に取ることができる。／**4**.瞽女の旅姿を描き続けた斎藤真一の作品。このミュージアムは、彼の作品が市に寄贈されたことがきっかけで誕生した。

瞽女宿で披露される三味線。演奏者である杉本キクイは、高田瞽女最後の親方であり国の無形文化財にも選定された。

瞽女の文化を語り継ぐ活動は、この資料館にとどまらない。ミュージアムを運営する「NPO法人 高田瞽女の文化を保存・発信する会」では、町歩きやバスツアーで瞽女にゆかりのある場所を案内してくれる。

高田の町は観光客があまり踏み入ることのない寂れた町だったが、日本最古級の映画館「高田世界館」が残っていたり、古い町家にオシャレな飲食店がオープンするなど、徐々に息を吹き返している。

今では瞽女という言葉は聞かれないかもしれないが、彼女たちが残した大きな功績の一つに、民謡の伝播者だったことが挙げられる。青森県つがる市に伝わる「津軽じょんがら節」などの民謡は、瞽女の活動が源となったといわれている。

障害をもって生まれながらも、厳しい修行や掟を乗り越え、誇りをもって生きていた瞽女。高田瞽女は、年間300日を旅して回り、貧困の中に暮らす多くの農民の生活に潤いと勇気を与え、またその活動を支える村人の人情により、瞽女の文化は続いていたのだ。

彼女たちの生きざまには、人生を生き抜くための手がかりが眠っているかもしれない。

瞽女ミュージアム高田
[住] 新潟県上越市東本町1丁目2-33
[電] 025-522-3400
[時] 10:00～16:00（入館は15:50まで）
[開] 土曜日・日曜日
[料] 一般500円／学生300円／障がい者・中学生以下は無料

富山県

21

大災害を食い止めよ！ 土砂崩れと人類の果てしない戦い

立山カルデラ砂防博物館

立山アルペンルートと立山カルデラを天空から眺めることができる「立山カルデラ360° VRシアター」。カルデラ内の美しく雄大な自然が広がり、実に見応えある光景が窺える。

地震や洪水、さらには土砂崩れなど、日本各地では毎年のようにさまざまな自然災害が発生している。時代が進むにつれ、私たちの生活はとても便利になってはきたものの、それでも、自然を前にしてはなす術がないのが現状だ。そんな中、富山県には土砂災害を防ぐための〝砂防〟という日常ではあまり触れる機会のないテーマを扱う「立山カルデラ砂防博物館」がある。

３０００m級の山々が連なる北アルプスの北部に位置し、かつては信仰の山として崇められた立山。現在も多くの登山客が訪れる山であり、その登山客たちが利用するケーブルカーの立山駅からすぐの場所に、この博物館は位置している。いったいなぜ、災害にまつわる施設が立山にあるのかが気になるところだが、それには立山にある大きなカルデラが関係しているのだ。

立山カルデラは、大規模な山体崩壊によって誕生した巨大なくぼ地。山体崩壊は度々繰り返されていたが、１８５８年には大規模な崩壊が発生。その引き金になったのは、この年の2月26日の午前2時頃発生した、推定マグニチュード7・3〜7・6の飛越地震。この地震により、立山カルデラにある大鳶・小鳶の両山をはじめ各所に崩壊が起こった。その二週間後には、崩壊による土砂によって誕生した天然のダムが満水になって決壊。濁流が下流部の富山平野を襲い、甚大な被

集落への土砂流入を防いでくれた大転石に祀られた、水神の碑の複製。

1

2

3

4

1.山体崩壊のあと、二度に渡る土石流が富山平野を襲った。赤色が一度目、黄色が二度目に被害を受けたエリアを表している。／**2**.砂防ダムの水が流れる通路が落石によってふさがれることを防ぐため、砂防ダム右岸の岩盤には、線状のアンカーボルトで岩盤を引っ張っている様子が、この模型からわかる。日光の華厳の滝でも、同じ工法が取り入れられているそうだ。／**3**.砂防施設の全体がわかる模型。コンクリートで造られた117基（平成27年現在）もの砂防ダムによって土砂を食い止める、壮大な事業の様子が窺える。／**4**.常願寺川沿いの急勾配かつ急斜面の地形を駆け抜け、砂防工事で活躍し続けたディーゼル機関車。

害を与えたのだ。

この地震によって、一説には4億立方メートル、例えるなら黒部ダム二杯分に匹敵する土砂がカルデラに溜まることとなった。そして驚くことに、現在でもその半分ほど、つまり黒部ダムが満杯になるほどの量の土砂が立山カルデラに溜まっているのだ。

昔から山体崩壊は繰り返されているものの、我々人類にはそれを止める術はなく、カルデラに溜まっている土砂を食い止めるしかない。そしてこの土砂の流出を食い止めるべく、カルデラ内で砂防事業が実施されることになった。トロッコを敷くことで現地へ資材を運び、砂防ダムを築いている。もともと富山県が行っていたこの事業は、昭和元年には国営事業となった。

立山カルデラ砂防博物館では、「立山

カルデラの自然と歴史」「砂防」の二つのテーマについてを、ジオラマや模型などを通して紹介している。外観から想像する以上に館内は広く、山体崩壊によって姿を消した立山温泉、立山にまつわる近代登山の歴史、立山連峰で見られる氷河についてなど、展示内容は豊富だ。

安政5年に発生した土石流によって町を襲ったこの巨石（推定重量400t）は、今も当時のまま富山平野に残されている。

中でも、実物と同じ大きさのトロッコ展示は見もの。さらには、富山平野を襲った濁流のすさまじさを物語る展示として、「大場の大転石」という巨石の模型にも注目していただきたい。立山カルデラからの泥洪水によって富山平野へと流れ出た巨石を再現したもので、これだけの大きな石が運ばれるというだけでも、災害の威力に恐れおののいてしまうだろう。

こうした豊富な展示を通して立山カルデラを知ることができるだけでなく、この博物館では、立山カルデラの現地を案内する「立山カルデラ砂防体験学習会」も定期的に開催されている。ボランティアの解説員の案内の下で現地をフィールドワークできるというだけあって、なかなか予約がとれないほど人気とのことだ。

博物館の展示を見て、私たちの生活はこうした自然災害を食い止めている人の努力によって成り立っているということを、何度も思い知らされた。

砂防事業で食い止めている土砂は、それでも常願寺川を通じて少しずつ下流へ流れている。だからあくまで食い止めているにすぎないことを忘れてはいけない。将来、山体崩壊はまた発生する。それは明日にだって、起こり得るのだ。

立山カルデラ砂防博物館
［住］富山県中新川郡立山町芦峅寺字ブナ坂68
［電］076-481-1160
［時］09:30 ～ 17:00（入館は16:30まで）
［休］月曜日（祝日の場合は開館）／祝翌日（土・日曜日の場合は開館）／年末年始（12/28 ～ 1/4）／館内燻蒸期間（12月上旬）
※詳細はHPでご確認ください
［料］一般400円／大学生以下 無料

石川県 22

雪に魅せられた男の生きざま！
美しく、そして魅力的な雪の結晶の世界へ！

中谷宇吉郎 雪の科学館

規則的な六角形となる雪の結晶を表した構造模型。雪を分子レベルで見ると、これだけ綺麗な形を成していることに驚かされる。

海に囲まれ、多くの山々が連なる自然豊かな日本。四季も楽しめ、冬になれば北海道や東北、さらには日本海側のエリアを中心に毎年のように雪が積もる。雪だるまを作ったり、スキーやスノーボードなどのウインタースポーツを通じて、日本にいれば雪に触れる機会は多々あることだろう。

そうした〝雪〟に特化した珍しい科学館が、石川県にあることをご存じだろうか。片山津温泉のそばに位置しているこの科学館は、雪の結晶を研究していた地元出身の中谷《なかや》宇吉《うきち》郎《ろう》の偉業を知ってもらおうと、平成6年に開館。

建物の設計は、多くの博物館・美術館などを設計したことでも知られる磯崎新《いそざきあらた》によるもので、六角柱の外観がとても印象的だ。館内には、受

中庭には、宇吉郎が亡くなる間際まで研究していたグリーンランドから運んだ60トンもの石が敷き詰められている。定期的に人工霧が発生することで、幻想的な光景も見られる。

付正面に宇吉郎の生涯をまとめた映像が見られるシアタールームがあり、そこから一つ階を下れば、宇吉郎の生い立ちにまつわる展示、研究関連の資料、さらには、彼が雪の結晶を観察し続けた常時低温研究室が再現されている。

明治33年に、片山津温泉で生を受けた宇吉郎。高校を卒業したあとは、東京帝国大学理学部に進学し、そこで、師と仰ぐ物理学者の寺田寅彦と出会うことに。大学卒業後は研究所の助手を経て、北海道帝国大学理学部に赴任。そこで雪に埋もれた生活を送り、さらにはW・A・ベントレーが出版した雪の結晶をまとめた写真集に出会ったことがきっかけとなり、雪の研究に着手。

そして、昼間でもマイナス10℃になる十勝岳の観測現場で、たくさんの雪の結晶を写真に収めた。膨大な数の観察によって、雪の結晶は、空の水蒸気の量と温度によって形が異なることを発見。その後は雪だけでなく氷の研究にも携わり、グリーンランドの氷床を研究するも、研究途中で骨髄炎により61歳で亡くなった。

館内には、以上のような宇吉郎にまつわる展示があるのはもちろん、多くの実験を目で見て体験することができる。

氷の粒に光が当たることでキラキラ光るダイヤモンドダスト、0℃以下の過冷却水で作る氷のタケノコ、金属の鋳型に

透明な氷に強い光を当てることで、氷の内部が融けて雪の結晶と似た形をつくるチンダル像の実験。毎回綺麗な形が作られるわけではないとのことだが、取材の時は綺麗な六角形が見られた。

科学館は六角柱の形をしており、ガラス張りの天井に見られる梁が雪の結晶のようで、大変美しい。

氷をはさんで作る氷のペンダントなど、氷や雪の結晶にまつわる体験のバリエーションは実にさまざま。

日本のみならず、世界中を見渡しても、雪や氷に特化した施設は大変珍しい。開館以降は、多くの来館者にその魅力を体験してもらいながら、この科学館を発端に、講演やシンポジウムなどを通して、中谷宇吉郎や雪氷の科学への関心を広める活動も行われている。

地域によっては、冬になれば毎年のように降り積もる雪。氷の結晶という科学的な内容を学べるだけでなく、さまざまな体験ができることから、子どもから大人まで楽しめる博物館だ。

中谷宇吉郎 雪の科学館

[住] 石川県加賀市潮津町イ106番地
[電] 0761-75-3323
[時] 09:00 ～ 17:00（入館は16:30まで）
[休] 水曜日（祝日の場合は開館）
[料] 一般560円／高校生以下 無料

自然の雪を観察し続け、世界で初めて人工雪の結晶を作るなど、雪と氷の研究で大きな業績を残した中谷宇吉郎。

福井県

23

福井県年縞博物館

七万年の歴史が45mに凝縮！　奇跡の湖が残した、壮大なるロマン！

　人生100年時代ともいわれるようになった現代。化学や医療の進歩によって人類の寿命も長くなってはいるものの、地球の歴史に比べたら人の一生は本当に一瞬だ。そんな人の一生よりはるかに長い、七万年もの歴史に触れることができる博物館が福井県にあることをご存じだろうか。

　その名は、「福井県年縞博物館」。〝年《ねん》縞《こう》〟とは「長い年月をかけて湖沼などに堆積した層が描く、特徴的な縞模様の湖底堆積物」のこと。広辞苑に載ったのがわずか三年ほど前ということで、馴染みのない人も多いかもしれない。メインの展示物である45mに及ぶ年縞は、はるか七万年も昔から途切れることなく記録されてきたものなのだ。

　博物館の北側にある、三方五湖と呼ばれる五つの湖。その一つである水月湖こそが、「直接流れ込む河川がない」「湖底に生物が生息していない」という条件に加え、湖底への堆積と断層活動による湖の沈降がどちらも発生し続けることで、「年縞を生み出す必要な深さを保つことができる」というミラクルが重なった奇跡の湖なのだ。

　横に長い造りとなっている博物館の二階には、45mに及ぶ本物の年縞が展示されている。パッと見は昆布のように見えるかもしれないが、改めて言うが、レプリカではなく、水月湖の湖底に眠っていた本物の年縞だ。一年間で堆積する厚さは0・7㎜ほど。そのため、人の一生を100年としても、その間にはわずか7㎝しか堆積しない計算になる。人の一生がわずか7㎝とは、実にあっけなく感じてしまう。

　それだけに、新しい側の年縞から2、3歩で豊臣秀吉がいた時代、さらに少し歩けば平安時代に辿り着いてしまう。なんだか、時間の感覚がおかしくなりそうだ。45mにも及んで縞模様が続いているものの、ところどころには地震による地すべり、さらには富士山などの火山による火山灰が克明に残されていることがわかる。よ～く目を凝らせば、はるか昔に堆積した落ち葉だって見つかるのだ。

　七万年の間に起こったさまざまな出来事を克明に記録しているだけに、顕微鏡

で観察すると、さらに詳しいことがわかってくる。年縞に含まれる植物の花粉から当時の植生がわかり、それによってその時代は今よりも寒冷だったのか、あるいは温暖だったかという気候の移り変わりもわかってくるそうだ。

年縞は世界中の化石や遺物がいつのものかを知る手がかりになることから、平成24年に「世界標準のものさし」に採択され、その出来事をきっかけとして、この博物館は平成30年に開館した。

じっくり本物を見てほしいとの思いから年縞の展示には解説はなく、展示の反対側でパネルや映像を使った詳細な説明が見られる。スタッフもしっかり解説してくれるので、年縞についてじっくり知りたい人は、いろいろ質問してみると理解が深まるだろう。

こうした展示物を見ると、我々の先祖

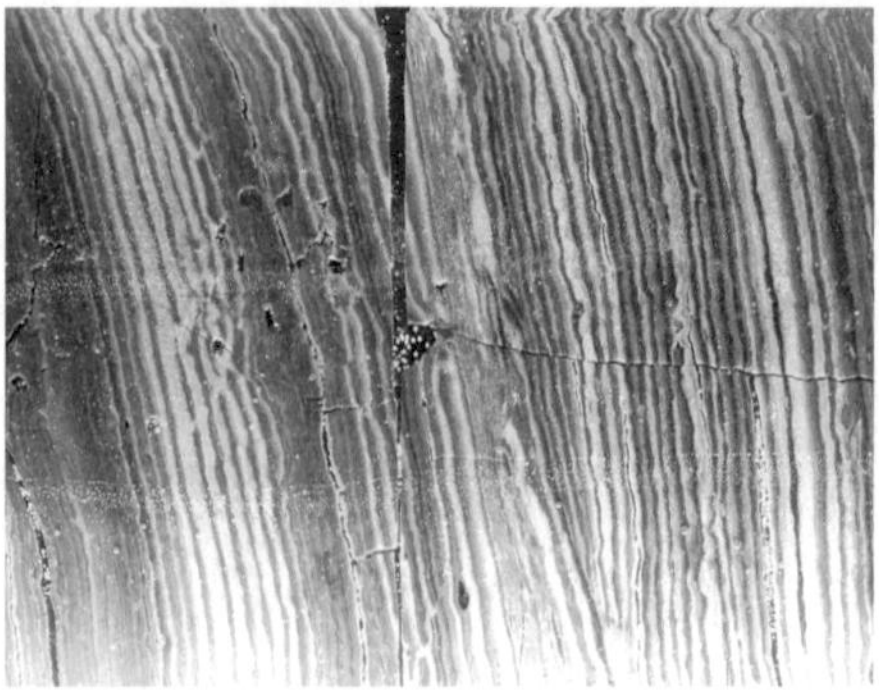
美しい縞模様が見られる年縞。過去になるにつれて堆積の重さから模様の間隔が狭くなる。また、気温が高い時代は生き物も活発だったため模様の間隔がはっきりしているなど、さまざまな要因で縞模様が作られている。

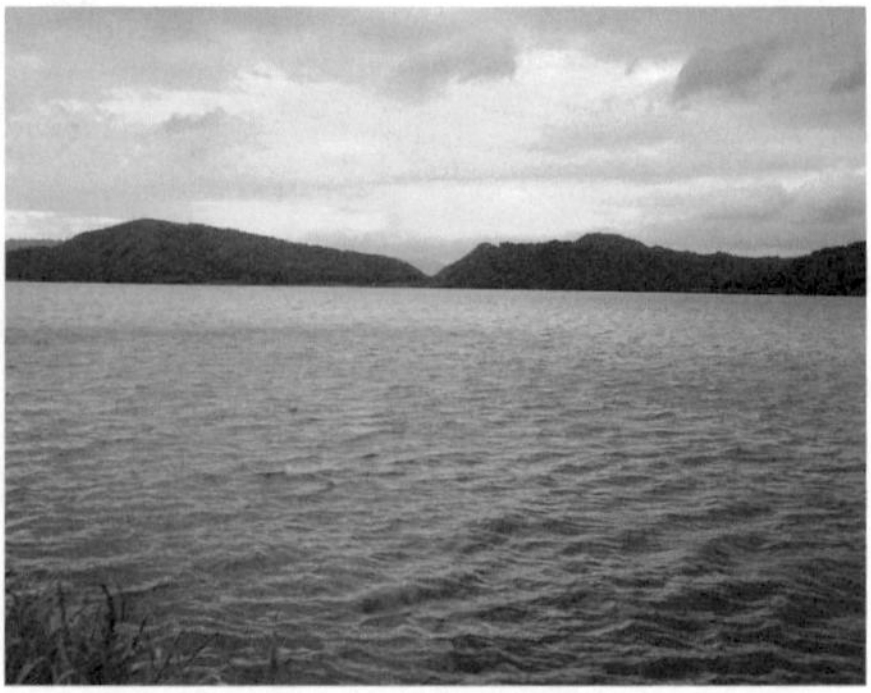
博物館から車で10分ほどの場所にある水月湖。7万年もの年月をかけて年縞が作られた、ロマン溢れる湖だ。

が、寒い時代や暖かい時代を乗り越えたから今があると改めて思い知らされる。人類の歩んできた果てしない歴史が、湖の底でずっと記録され続けていたとは、本当に凄いことではないだろうか。

さまざまな過去が明らかになってはきたが、「ほかに未確認の火山灰が含まれているのではないか」「縞がはっきりしている場所とそうでない場所があるのはなぜか」など、まだわかっていないことも多々あるそうだ。

世界中で確認されている年縞の中でも、七万年という大変長い年月の間、途切れることなく続いているのは水月湖だけ。そうした奇跡の湖が残した壮大な歴史が、この博物館には詰まっている。

福井県年縞博物館

[住] 福井県三方上中郡若狭町鳥浜122-12-1縄文ロマンパーク内
[電] 0770-45-0456
[時] 09:00 ～ 17:00（入館は16:30まで）
[休] 火曜日／年末年始（12/29 ～ 1/2）
[料] 一般500円／小中高生200円

年縞の層には多くの花粉も見つかっていることから、こうした花粉の模型も展示されている(写真は6500倍に拡大したスギ花粉)。

中部

山梨県
- ㉔ 釈迦堂遺跡博物館
- ㉕ 御師 旧外川家住宅

長野県
- ㉖ 志賀高原歴史記念館
- ㉗ 神長官守矢史料館

静岡県
- ㉘ 由比宿東海道あかりの博物館
- ㉙ 吉田松陰寓寄処

愛知県
- ㉚ 昭和日常博物館
- ㉛ 壱番屋記念館
- ㉜ 日本独楽博物館

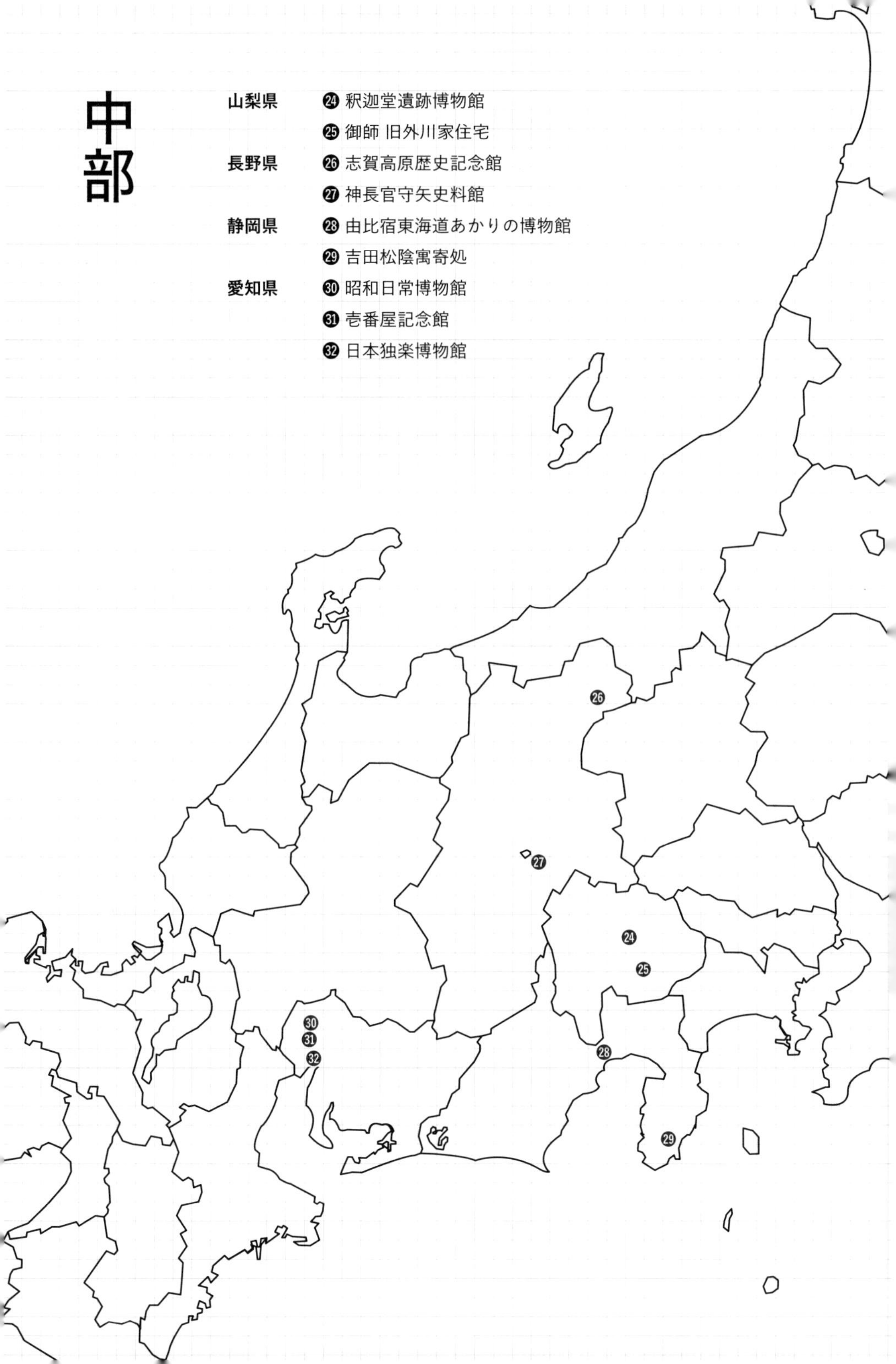

高速道路建設によって発掘された1116点全ての土器・土偶などの遺物がこの一室に展示されている。

山梨県 24

釈迦堂遺跡博物館

高速道路建設で大量出土！ パーキングエリアから縄文の世界へ！

ブドウやモモの生産量が日本一であるほか、富士山や南アルプスの山々など、自然豊かな山梨県。そんな山梨県には、実はお隣の長野県とともに縄文時代の遺跡が多く、そうしたテーマを扱う博物館もたくさん見られる。

その中でも、甲府盆地の東に位置する「釈迦堂遺跡博物館」は、高速道路のパーキングエリアから入館が可能という独特な博物館だ。

中央自動車道の釈迦堂パーキングエリア下りのそばに位置しており、甲府盆地を見渡せる高台のため、景色も楽しめる。館内に展示されているのは、釈迦堂遺跡から出土した多数の土偶や土器などだ。土偶や土器を展示している博物館は国内にたくさんあるが、釈迦堂遺跡博物館は展示数が多いだけでなく、展示方法にもさまざまな工夫が見られ、見栄えがとてもいい。

この博物館が誕生したきっかけは、東京から信州方面へと延びる中央自動車道の建設だった。もともと、この場所に遺跡があると目星はついていたようで、中央自動車道建設工事に先立って発掘調査を行うと、縄文時代のものを始め多数の遺構・遺物が出土。学術的な価値も高く、全国から注目が集まった。その後、地元住民の声もあり、昭和63年に釈迦堂遺跡博物館が開館した。

時系列に並ぶ縄文土器は、
整然とした佇まいだけに
神秘的にも見える。

二階の常設展示室に足を踏み入れると、たくさんの出土品が整然と並び、どこか神秘的な雰囲気が漂っている。ガラスケースに展示されている土偶に目を向ければ、顔の形や表情はさまざま。展示方法においては、顔の表だけでなく裏も見せる工夫がみられるほか、発掘時に出土した全ての土器・土偶1116点がケースにビッシリと並べられており、その数に圧倒されてしまう。

展示室の奥にある土器は、縄文時代前期から中期までのものが時系列に沿って並べられ、時代が進むにつれて土器がどのように変化していったかがわかるのが、実に面白い。始めは底が尖って模様がないものの、時が進むごとに模様が派手になっていき、土器の形も多様化していく。しかし、さらに時代が進むと、模様はシンプルになっていく。当時の生活状況と土器の形がリンクしているのか、はるか昔に生きていた縄文人たちの暮らしを、よりリアルに感じることができる。

出土した資料のみならず、パネルもわかりやすい。そもそも、縄文時代とはどのような時代だったのかという点から、時代が進むにつれて変化する土偶の変遷、土器についてなどがわかりやすく解説されている。

そんな釈迦堂遺跡博物館は、釈迦堂遺跡パーキングエリアからも入館が可能であるゆえ、来館者の8割近くがパーキングエリア利用者というのも珍しい。開館当初はシニア層の来館が目立っていたようだが、近年はSNSの効果か若いカップルも見られるようになり、年齢層は若くなっているそうだ。

縄文時代は、今から1万6000年前から3000年前まで、つまり、

1

2

1.土偶や土器の一部まで、出土した遺物が余すところなく展示されている。／**2**.高速道路からも利用できる博物館。中央自動車道下りの釈迦堂PAから階段を上ることでも入館可能だ。／**3**.彼らは何を想い、どのような意図があって土器にさまざまな文様を施したのだろうか。

1万3000年近くも続いた長い時代。今でもその研究は進んでいるようだが、未だ謎は多い。そもそも、土器に描かれた模様は何を意味しているのか、土偶は何のために作られたのか。さらには、彼らはどのようなことを考えながら日々を過ごしていたのだろうか。

はるか昔を生きた先人たちに思いを馳せながら展示を見学すると、より思い出に残るかもしれない。中央自動車道で信州方面へ向かう際、渋滞にハマった時にでも、釈迦堂パーキングエリアに立ち寄り、ロマン溢れる縄文時代の世界に触れてみてはいかがだろうか。

釈迦堂遺跡博物館
[住] 山梨県笛吹市一宮町千米寺764
[電] 0553-47-3333
[時] 09:00～17:00（入館は16:30まで）
[休] 火曜日／祝翌日／年末年始
[料] 大人400円／小中高校生200円

3

富士講たちが祝詞や御神歌を唱和した御神前。旅館とは違い、御師住宅には必ずこの御神前が備わっている。

日本のシンボルに秘められた、知られざる信仰の歴史とは⁉

山梨県 25

御師 旧外川家住宅

日本一の標高を誇り、その美しい山容から〝日本のシンボル〟ともいわれる富士山。毎年夏には多くの人が登山に訪れ、その雄大な姿に、誰もが感銘を受けているはずだ。そんな富士山には、今ではあまり知ることのない信仰の山としての歴史があり、山梨県の富士吉田市にある「御師 旧外川家住宅」は、富士山信仰に由縁のある施設なのだ。

有名レジャー施設の富士急ハイランドから車で5分ほどの場所に位置し、木造の門をくぐれば、古《いにしえ》の雰囲気を感じさせる建物が現れる。外川家住宅が建てられたのは1768年のこと。今から250年も昔の建物というのだからビックリだ。

館内に入ると、低い天井やタイル張りのお風呂場、さらには文字が描かれた襖《ふすま》や釘隠しなど、今の建物にはあまり見られないものばかり。そして、御神前や多くの富士講たちが奉納した額などは、御師住宅ならではの特徴だろう。

ところで、〝御師住宅《おしじゅうたく》〟という言葉はあまり聞き馴染みがないと思うので、少し学んでみることにしよう。

もともと、富士山は修験道の人たちが修行をする場だったが、江戸時代の中期頃には一般庶民も登るようになり、その人気は江戸で爆発的に広がっていった。登山者たちは富士講というグループを作り、皆でお金を出し合って登山費用を捻出していた。

御師の家族が暮らす御師住宅は、そうした登山者たちが山登りの前に立ち寄る場所で、今でいうベースキャンプのような役割だった。直前にここで寝泊まりをし、登山に必要な食料などを用意したあと、頂上目がけて出発するのだ。

そして御師《おし》とは、富士山の神にさまざまなことをお願いする神職のこと。登山

富士登山の前に多くの富士講たちがここで寝泊まりした。何を想いながら、ここでひと晩を過ごしたのだろうか。

をする富士講たちと神様の間に立ち、祈祷する役割を果たしていた。そんな富士信仰は、江戸時代後期に最盛期を迎え、それにあわせて外川家も裏に奥座敷を増築することとなった。多い時には、1日に100人ほどが泊まることもあったそうだ。最盛期の頃、御師住宅は86軒も建てられたものの、鉄道や自動車の出現による交通の変化、さらには信仰要素が薄れ観光の山となったことから、御師の役割は無くなっていく。それにともない、1960年代まで信者を受け入れていた外川家は、平成16年に市へと寄贈。修復を経て、平成20年に一般公開となった。

そんな信者たちが寝泊まりをした御師住宅には、富士講たちが着用していた白い行衣《ぎょうえ》、さらには当時実際に使われていたお盆や食器、資料も展示されている。当時この場所はどんな雰囲気だったのだろうか。登山を翌日に控えた富士講たちはどのようなことを考えて一晩を過ごしたのだろうか。いろいろなことに思いを巡らせてしまう。

世界遺産にもなり、今も多くの人が登山を楽しんでいる霊峰富士。現代では車を使えば1泊で登れてしまうが、江戸時代は往復で1週間から1カ月もかかったそうだ。当時、遠方に住む人にとっては、富士山は一生に一度でも登れれば幸運だった。富士山に登ることで仏さまと同じ境地に立つことができると

1

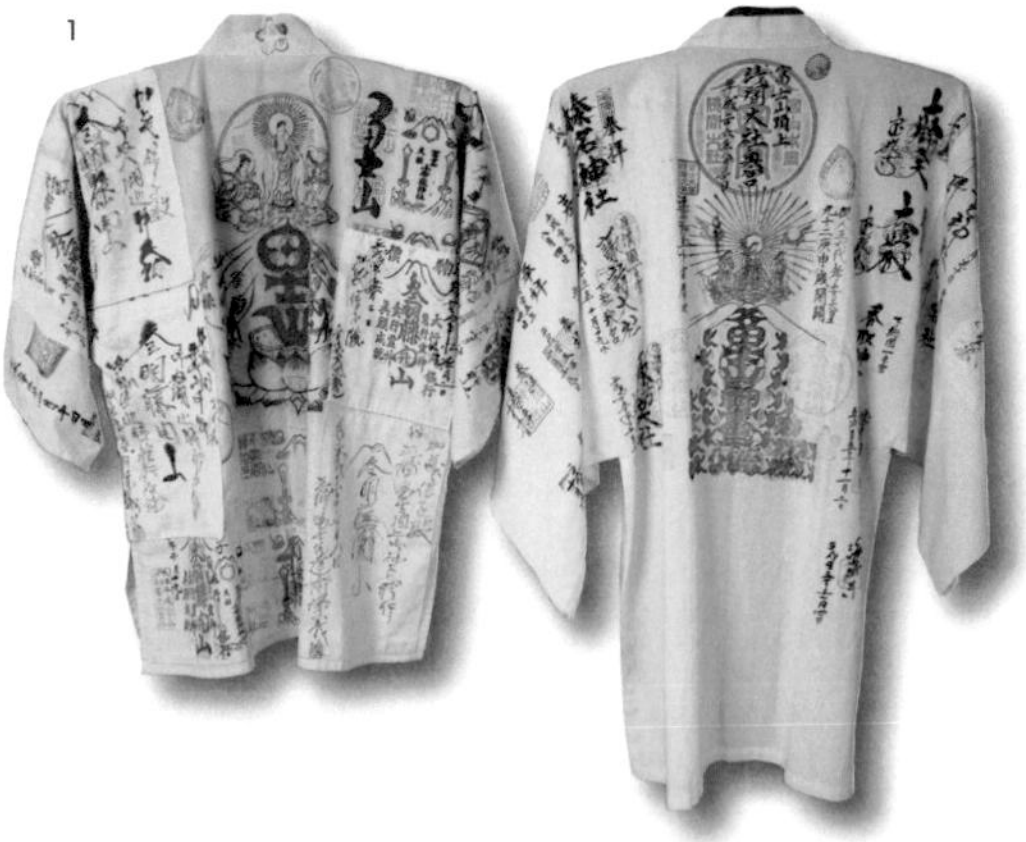

2

3

1.富士講たちが身に付けていた行衣。ビッシリと描かれた御朱印が厳かな雰囲気を醸し出している。／**2**.館内には、明治時代に撮影された富士講にまつわる写真も見られる。富士登山へ向かう芝講社の集合写真。／**3**.富士吉田市から拝む富士山。その風貌と堂々たる佇まいは、多くの人々のあこがれでもあった。

考えられ、そこで日々の悩みを吐き出すなど、心身の整理をしたそうだ。

かつての先人たちが、仏様や神様が住む山として信仰し続けた富士山信仰の歴史。外川家住宅では、その知られざる、そして貴重な記録を後世に伝え続けている。

御師 旧外川家住宅
[**住**] 山梨県富士吉田市上吉田3-14-8
[**電**] 0555-22-1101
[**時**] 09:30 ～ 17:00（入館は16:30まで）
[**休**] 火曜日（祝日･GWを除く、7･8月は無休）年末年始
[**料**] 大人100円／小中高生50円

カジノテーブルやバーカウンターが残る２階の旧食堂。壁にかけられた、白樺を用いた独特な額縁の絵画が印象的。

長野県

26

一大スキーリゾートを支えた、豪華絢爛な名建築を堪能せよ！

志賀高原歴史記念館

古民家や校舎など、日本にはさまざまな建物を活用した博物館が存在する。それゆえ、展示物のみならず、建物そのものを見に行くというのも博物館巡りの醍醐味といえよう。そんな中、長野県には、かつてのリゾートホテルの建物を堪能できる「志賀高原歴史記念館」がある。

長野県の北東部に位置する志賀高原といえば、今でも多くのスキー場がある場所としても有名だ。志賀高原の奥地へ続く国道292号線を上っていくと、標高1000mを超えた場所に赤い屋根の堂々とした建物が現れる。山小屋風の館内に入れば、目の前には二階に吹き抜けた豪華なラウンジが広がり、正面には大きな暖炉、そして窓には美しいステンドグラスが見られるなど、素晴らしい造りに驚きが隠せない。

入館は無料で、出入りは自由。訪問客もまばらで、ボーっとしながら館内の空間に浸るだけでも癒される。

このホテルが歩んできた歴史や、建物の造りについてなど、さまざまなことが気になっていたところ、管理している和合会の方から、当記念館の背景について話を聞くことができた。

この建物が「志賀高原ホテル」として開業したのは、昭和12年1月1日のこと。1929年に起こった世界恐慌のあと、日本では外貨獲得を目的に国際観光局をつくり、外国人観光客向けの国策ホテルを建設する流れになった。長野県には上高地ホテル、志賀高原ホテル、野尻湖ホテルの三つを建設。志賀高原は日本初の

四季折々の風景が描かれた日本画に囲まれた３階のホールには、ドイツ人の職人が作った椅子、真っ赤に仕立て上げた国会議事堂と同じ絨毯が見られる。

国際スキー場になり、戦後はアメリカ軍に接収された。

　昭和21年に国内初のスキーリフトが架設されて以降、スキー場開発やホテル、保養所の建設が進み、その後のバブル景気やスキーブームも相まって、志賀高原を訪れる人々は激増することになる。しかし、平成に入ると、バブル崩壊からスキー観光客の減少に歯止めがかからず、志賀高原ホテルは平成12年8月に閉業することとなった。

　営業時は、現在の建物の両側に大きな客室の建物があったのだが、創業時からの趣を残した歴史的価値のある正面玄関と左側建物の一部のみが修復、保存されている。入り口の左側に見える受付、客室や大浴場の案内板、さらには当時のレンタルスキーなど、さまざまな場所に目を向けると、この建物がスキー用の本格的なホテルだった名残りが散見される。

　国策で建てられたホテルということもあり、豪華な調度品も多い。ドイツの職工によって作られた椅子、窓に見られるステンドグラスは大倉財閥からの寄贈品といわれているものであり、三階の真っ赤な絨毯は、国会議事堂で使われているものと同じものが使われているそうだ。

　こうしたホテル時代の名残りを感じる展示だけでなく、昔の志賀高原を写した数々の写真の展示や、二階には、日本人初の冬季オリンピックメダリストである猪谷千春《いがやちはる》にまつわる品々も展示されている。

　また、自然豊かな場所にあるこの記念館は景色にも恵まれている。目の前には丸池という池が見られる

1

2

3

1.ドイツ人の指導のもと清水組（現：清水建設）によって建設され、山小屋風をベースにしながらも豪華さも忘れない巧みな造りとなっている。そして、かつては記念館の建物の両側に客室があった。／**2**.ロビーのところどころに見られるステンドグラス。大倉財閥からの寄贈品といわれているもので、四つ指のライオンが実に印象的だ。／**3**.志賀高原が多くのスキー客で賑わったことを偲ばせる、当ホテルで貸し出されていたレンタルスキー。

ほか、天気が良ければ北アルプスも見えるそうだ。

スキー客の減少により閉業したものの、リゾート地の発展に大きな貢献をした大型クラシックホテル。同じく国策ホテルとして開業した上高地ホテルは建て替えられ、野尻湖ホテルは解体されただけに、この建物の存在は非常に貴重だ。ただし、スキーシーズンは閉業しているため、その点はご注意を。

志賀高原歴史記念館
[住] 長野県下高井郡山ノ内町平穏7148–35
[電] 0269-34-2253
[時] 09:00 ～ 17:00
[休] 木曜日／冬季休業（11/01 ～ 04/30）
[料] 無料

長野県
27

75頭に及ぶシカの首を生贄に！
諏訪の地で語り継がれる衝撃の神事とは⁉

神長官守矢史料館

長野県の中心に位置する諏訪。諏訪湖の周辺にある春宮、秋宮、本宮、前宮の総称である諏訪大社は、7年に一度しか開催されない奇祭「御柱祭」が有名。諏訪大社は、全国に1万近く点在する諏訪神社の総本社であり、今でも謎多き場所だ。そんな神秘の都ともいえる諏訪の地には、コアな諏訪の歴史に触れることができる「神長官守矢史料館」がある。

諏訪湖の南側に位置するこの史料館。門柱を通ると、四本の柱が飛び出す奇抜な建物が現れる。そして館内はさらに奇抜だ。壁にはたくさんのシカとイノシシの頭部、串刺しのウサギなどが展示され、実に衝撃的な世界が広がっている。背景を知らずに訪れると、ギョッとするかもしれない。

この史料館は、諏訪大社上社の神長官を務めた守矢家に残された、多数の古文書の収蔵、保管、展示を目的として、平成3年3月に開館。その際、地元出身の建築史家である藤森照信が建物の基本設計を担当した。

守矢家は、古代から明治時代の初めまで神長官（諏訪神社上社の神官の一つ）を務めてきた家系であり、この神長官が長きに渡って司っていた、諏訪大社上社で行われる春の祭りが「御頭祭《おんとうさい》」だ。原始時代からの狩猟・農耕などさまざまな信仰が重なり合った祭祀であり、生贄として供えるために、75ものシカの頭、イノシシの皮焼、脳和《のうあえ》（シカの肉と脳味噌

剥製のシカの頭部が多数見られる衝撃的な展示は、御頭祭で捧げられるシカの頭部をイメージしている。

御頭祭では串刺しのウサギも捧げられていた。館内の展示数は少なめではあるものの、内容は実に刺激的だ。

の和え物）などが並べられたのだ。館内に並ぶ多数の頭部は、この御頭祭をイメージしたものだ。

　そして、史料館の奥に展示されている鹿食免《かじきめん》も大変興味深い。仏教の浸透などにより肉食が忌まれていた時代、諏訪大社による鹿食免があれば肉食が許されており、さらには鹿食免の箸で四つ足の肉を食べれば罰が当たらないとされていた。今でも、諏訪大社では鹿食免を購入することができるので、訪問時にはぜひ諏訪大社にも足を運んでみよう。

　明治時代から肉食が奨励されるようになり、現在は当たり前のように牛、豚、鶏などを食す時代になっている。時代によっては考えや風習が大きく異なることがとても興味深い。

　こうした知られざる諏訪大社の歴史に

1

2

3

1. 史料館からすぐの場所にある「空飛ぶ泥舟」も、守矢史料館を設計した藤森氏の作品。茶室が宙に浮く、独特で不思議な造り。／ **2**. 78代続く守矢家の敷地にある史料館。表札にも神長官の文字が残る。／ **3**. 敷地内にある祠には、諏訪の地における原始信仰の対象だったミジャクジ神が祀られている。

触れられる一方、この史料館へは建物目当てで訪れる人も多い。この建物の基本設計を行った藤森照信は、多くの美術館や住宅などの設計を手がけていることからファンも多い。当史料館は、そんな彼のデビュー作でもあるのだ。さらには、史料館から奥に入った場所には、「高過《たかすぎ》庵《あん》」「空飛ぶ泥舟」といった実に個性的な建物が見られるため、こちらもぜひ。

神長官守矢史料館

[住] 長野県茅野市宮川389-1
[電] 0266-73-7567
[時] 09:30 ～ 16:30
[休] 月曜日／年末年始（12月29日～1月3日）／祝翌日（この日が月曜日にあたる時はその翌日も休館）
[料] 大人100円／高校生70円／小中学生50円

静岡県
28

あかりって本当にありがたい！　かつての宿場町で体感する当たり前の凄さ！

由比宿東海道あかりの博物館

東海道五十三次の江戸から16番目の宿場である由比宿。国内では駿河湾にしか生息していない桜えびが獲れる場所としても有名だ。そんな由比宿があった旧東海道沿いには、〝あかり〟に特化した大変ユニークな施設「由比宿東海道あかりの博物館」がある。

大正8年築の、もともとは農家の人が住む古民家だった建物の扉を開けると、広い一室にはあかりにまつわる品々がビッシリと並べられている。火起こしの歴史から、江戸、明治時代の提灯や行燈《あんどん》、燭台《しょくだい》、ランプ、そして現代の電気のあかりに至るまで、あかりの変遷がとてもわかりやすい形で展示されている。古民家に膨大なコレクションが展示されているだけでも、とても見応えのある光景だ。

メインフロアの天井には、カラフルな電傘のあかりがたくさん吊るされており、古民家とは思えないオシャレな光景が広がる。

館内に入ると、館長である片山嘉子さんが出迎えてくれる。個人の運営ということもあり、館長自らあかりについて説明してくれるアットホームな雰囲気も嬉しい。

膨大なコレクションは、館長のご主人が25年近くの年月をかけて集めたもので、その総数は１０００点にも及ぶ。ご主人が電気工事の仕事をしていた関係で、青森から九州までさまざまな現場に赴いては、骨董屋さんや骨董市を回りながら集めたそうだ。そして、そのコレクションを多くの人に見てもらいたいとの想いから、平成8年10月21日に博物館をオープンすることとなった。

提灯、燭台、ランプだけでなく、乾電池や電球、マッチ、さらには碍子《がいし》など、展示のバリエーションも豊富だ。それどころか、あかりというテーマを飛び越えて、昔のアルマイト製のお弁当箱や初期のテレビ、ラジオ、さらに

我々の先人たちの暮らしを支えたあかりの数々。オシャレなデザインの物も多く、一つ一つ目を凝らして見入ってしまう。

はタバコ屋のショーケースなど昭和の懐かしい物も並ぶ。

天井を見上げればたくさんの電球が灯り、壁にはホーロー看板が張り付けてあって、360度、いったいどこから見ていけばよいのか途方に暮れてしまうほどの展示となっているのだ。

訪問時には展示物を見るだけでなく、あかりにまつわる体験ができるのも嬉しい。館内を暗くして、あかりをつけながら解説してくれるのだ。真っ暗な中でロウソクを灯せば、まだ電気がない時代、よくぞこの明るさで生活していたと改めて驚かされる。また、火打ち石を使って火を起こす体験も面白い。火打ち石を叩くことで出る火花を炭に落とし、そこに着火剤を当てると炎が燃え上がるのだが、これがなかなか難しい。今はライターを使えば簡単に火

館内の電気を消して火のあかりを体験するも、本を読むのも大変なほどの暗さ。現代のあかりのありがたさを思い知らされる。

昔の乾電池や懐中電灯などのあかりにまつわるもの以外にも、電化製品、マッチ、お弁当箱など、たくさんのレトロな展示も見られる。

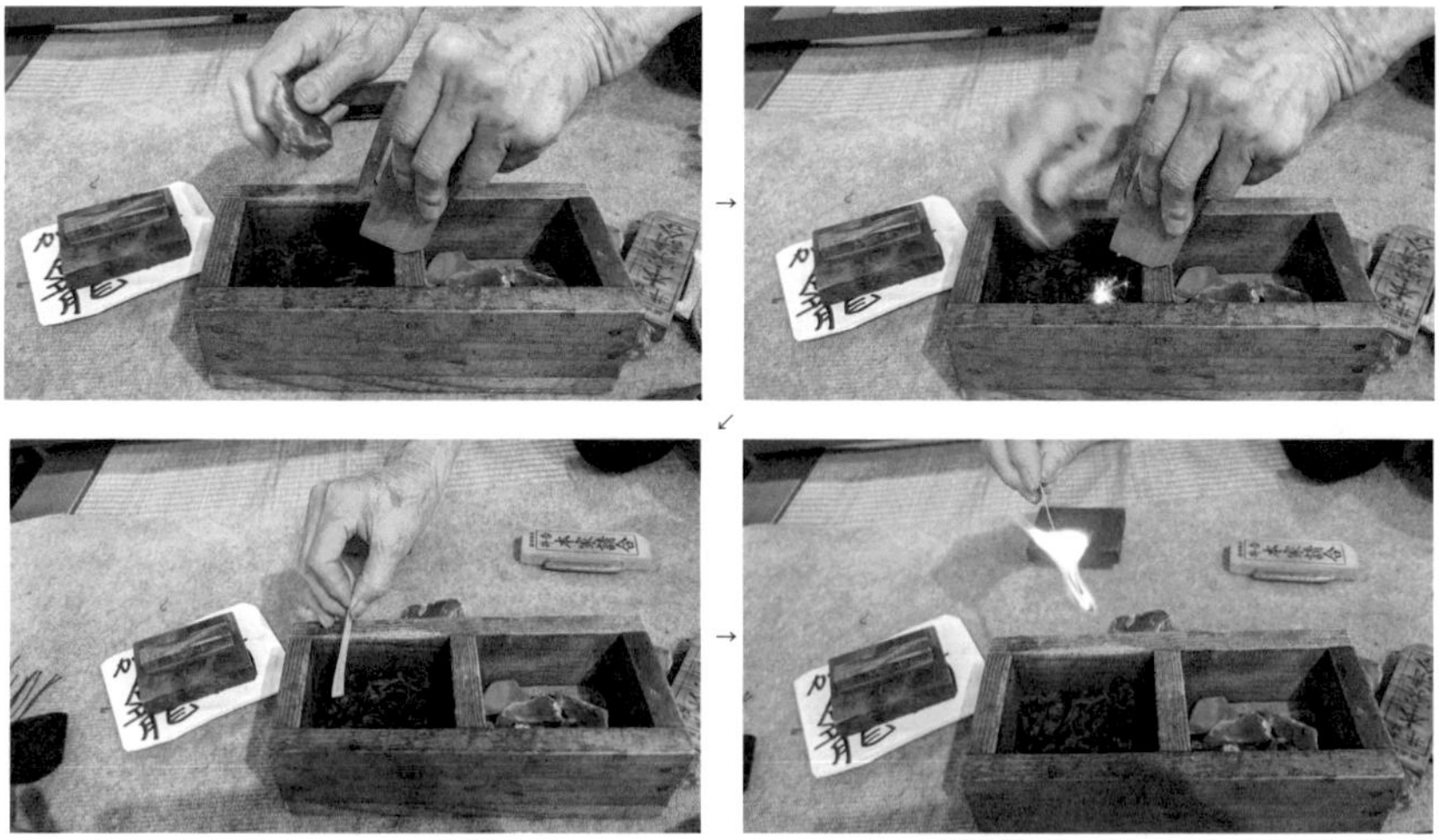

火打ち石を使って火花を散らし、落ちた火花に紙を当てて炎を発生させる火起こし体験もできる。ところが、初心者だと火花を発生させるのはなかなか難しい。

がつくが、そうした道具がない状態では、火をつけることがいかに難しいかを思い知らされる。

そしてこの博物館の名物でもあるのが、庭にある信号機。車用と歩行者用の信号機がそのまま展示されており、スイッチによってつけたり消したりできる。普段、何気なく見ているものの、こう間近で見ることはあまりないため、とても新鮮で貴重な体験だ。きっと、何度も信号のあかりをつけたり消したりしたくなるはずだ。

旧東海道沿いにひっそりと佇む博物館。文明の発達とともに生活が便利になったとはいえ、その変遷、ルーツを辿ることも、博物館が担う大切な役割に違いない。

由比宿東海道あかりの博物館

[住] 静岡市清水区由比寺尾字中島473-8
[電] 054-375-6824
[時] 10:00 ～ 15:00
[休] 月曜日・火曜日／年末年始
[料] 大人500円／子ども200円（保護者同伴の場合は無料）

普段見慣れているものの、間近で見るとその大きさに驚かされる本物の信号機。スイッチで青信号と赤信号を切り替えられるのも楽しい。

静岡県
29

死を覚悟してでも世界を見たかった！　そんな男が残した、偶然の物語

吉田松陰寓寄処

幕末動乱の時代に生を受け、松下村塾を開いたことでも知られる吉田松陰。誰もが知る歴史上の人物ではあるものの、静岡県下田市にある、密航を企てた松陰にまつわる施設のことは、あまり世に知られていない。

伊豆半島を南北に走る伊豆急行線。終点の伊豆急下田駅の一つ手前にある蓮台寺温泉は、行基菩薩が発見したと伝えられる大変由緒ある温泉地。現在も数軒の旅館が営業を続けており、その町中に、松陰ゆかりの「吉田松陰寓寄処《ぐうきどころ》」がある。

江戸時代後期に建てられたとされる茅葺き屋根の古民家。閑静な住宅地に佇んでいるだけに、かなり異彩を放つスポットでもある。一体なぜ、この場所に吉田松陰にまつわる施設があるのか？　そこには、どんな背景があったのか？

江戸時代末期、1853年にペリーが浦賀へと来航したことはよく知られた歴史だろう。この頃、自らの目で世界を見たかったために、下田に停泊しているペリーを追いかけてきた松陰。当時、許可なく海外へ渡ることは御法度だったため、ペリー艦隊を説得して船に乗せてもらう作戦を考えていたのだ。

下田に着いた松陰は、岡村屋という旅館に泊まって密航のチャンスを伺っていたのだが、彼は疥癬《かいせん》という皮膚病を患っていたので、宿の人の勧めで蓮台寺温泉へ湯治にいくことに。ただし、罪となる密航を企てていたため、夜中にひっそりと訪れた。

ところが、物音に気づいた、向かいに暮らす医師の村山行《むらやまぎょう》馬郎《まろう》に見つかってしまうという、まさかの展開に。しかたなく松陰は「密航をすべく下田へやってきたこと」「命を賭けてでも、自分の目で世界を見てみたいこと」を正直に話すと、村山は松陰の意志を理解して自宅へと匿《かくま》ってくれた。その村山の自宅こそが吉

1

2
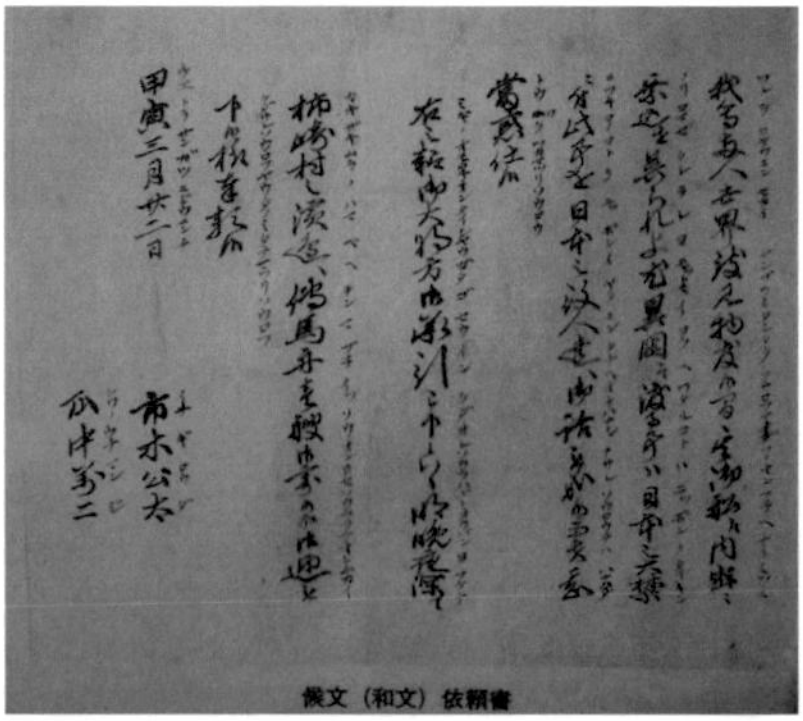

3

4
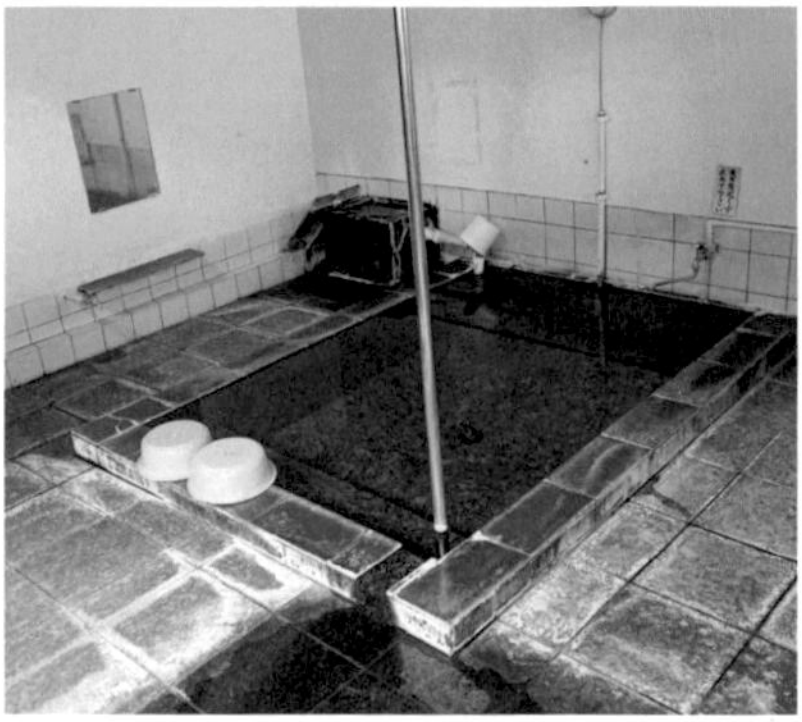

1.村山家に一週間ほど滞在した松陰は、二階にあるこの部屋に隠れ、ペリーに渡すための投夷書を書き続けた。／**2**.松陰がペリー宛てに書いた、投夷書のコピー。／**3**.皮膚病の湯治のためひそかに蓮台寺温泉へとやって来た松陰。／**4**.松陰が浸かったとされる温泉は現存しているが、組合員以外は利用不可となっている。

田松陰寓寄処の建物なのだ。名称にもなっている〝寓寄処〟とは、皮膚病の湯治へとやってきた際に偶然立ち寄った背景からきている。

松陰はここに一週間ほど滞在し、二階の部屋で投夷書を書いた。外国へ連れて行ってもらうため、ペリーへ向けて意志を綴ったものだ。

建物に改修を加えてはいるものの、松陰が滞在していた二階の部屋や、彼が浸かったとされる湯船も残されている。松陰が投夷書を書いたとされる机、村山家に残された医療関連・日用品などの展示物、さらにはスタッフによる解説も併せて、松陰がここに滞在した歴史に触れることができる。

この場所以外にも、下田の町には彼が投宿した岡村屋の跡地に碑が残されて

かつては下田の奥座敷といわれ多くの温泉客で賑わった蓮台寺温泉の地に、ひっそりと佇む寓寄処。松陰にまつわる知られざる歴史の1ページが、この建物に残されている。

いるほか、柿崎の弁天島公園には、下田湾を指さす銅像が建てられているなど、町の至るところに松陰の足跡が見受けられる。

蓮台寺で投夷書を書いたあと、密航すべくペリー艦隊へ乗り込んだものの、その意志は残念ながら理解してもらえずに追い返されてしまった。松陰は自首し、その後は萩で松下村塾を開くことになる。

学校の授業で誰もが習う吉田松陰。そんな彼が、世界を自分の目で確かめようと密航を企てたがゆえに偶然立ち寄ったこの場所が、伊豆半島の温泉地にひっそりと残されている。

吉田松陰寓寄処
[住] 静岡県下田市蓮台寺300
[電] 0558-23-5055
[時] 10:00 ～ 16:00
[休] 水曜日／年末年始
[料] 大人100円／小中学生50円

愛知県
30

令和から昭和へタイムスリップ！
懐かしい思い出が甦るレトロな世界へ！

昭和日常博物館

昔遊んだ、懐かしいおもちゃなどがたくさん。無邪気に遊んだあの頃に戻りたくなってくる。

〝昭和レトロ〟という言葉をよく耳にするように、昭和の時代が脚光を浴びている昨今。昭和を知らない世代であっても、そのデザインに惹かれる人は多く、レトロな雰囲気を取り入れた施設やお店も多い。そんな中、愛知県にある「昭和日常博物館」は、昭和レトロな品々を多数展示しているのみならず、ユニークな取り組みを行っている博物館として注目されている。

住宅街に佇むこの昭和日常博物館は、ビックリするほど外観が派手。外からでも昭和レトロな博物館だとわかるほどで、公的な施設にしてはだいぶ攻めた外観だ。館内に入り三階に上がると、突然、昔懐かしい昭和の世界にタイムスリップできる。三輪自動車、タバコ屋のショーケース、ホーロー看板にマスコット。昭和を生きた人であれば、懐かしい記憶が甦り、当時の思い出に浸ることができるだろう。

平成2年に「北名古屋市歴史民俗資料館」として開館したこの博物館は、当初は通史の展示を想定していたそうだ。しかし、通史の中でも昭和30～40年代頃は大きく生活スタイルが変化した時代。そうした時代を記録していくことが大切だと考え、開館から三年ほど経った頃に昭和の資料を集め始めたそうだ。

1

3

4

2

7

5

6

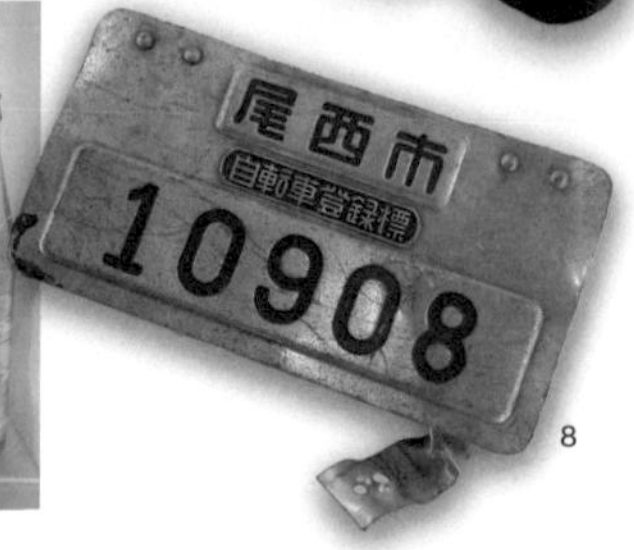

8

1.おばあちゃんの家で見かけるような、懐かしい扇風機。／**2**.熱したお湯を入れて暖をとる湯たんぽ。木造建築で建物の気密性や保湿性が低い時代は、部屋全体ではなく手元や足元を温めるのが主流だった。／**3**.今でもたまに町中で見かけるホーロー看板。／**4**.昔ながらのデザインや字体がたまらないのり缶。／**5**.家の手水《ちょうず》場に取り付けられていた手洗い器。水道が普及する前の時代に使われた道具で、水道インフラが普及したことで姿を消した。／**6**.昔は瓶ジュースがよく見られ、確かに缶よりも瓶で飲んだ方がおいしく感じる気がする。／**7**.町中ではまず見かけないが、昔の映画でたまに見かけるオート三輪。／**8**.自動車ではなく自転車についていたナンバープレート。自転車が高価だった時代は、税金を払って自転車に鑑札を取り付けなければならなかった。

〝民俗資料館〟と聞くと、その地域が歩んできた歴史の展示を思い浮かべる人が多いかもしれない。私もそう思っていた。しかし、ここは違う。展示物のほとんどが昭和なのだ。

入り口の小さな商店が連なる光景から始まり、当時の牛乳瓶、文房具、お菓子などたくさんの資料がジャンル別で見られる。展示されている資料は1万点ほどだが、収蔵してる数となると15万点にも及ぶそうだ。さらに奥に進めば、ちゃぶ台が置かれた昭和の暮らしの空間も見られる。来館者は、展示を見て昔の思い出を共有したり、親子三代で訪れて、お孫さんに昔の暮らしのことを語ったりと、楽しみ方はさまざま。また、ここ数年ではレトロな光景がインスタ映えすると、20～30代の若い人の来館も増えてきたという。

昔のリビングが再現されており、ブラウン管テレビやレコード、ビクター犬 など、今では見られない懐かしいものを探してしまう。

既に15万点もの資料が収蔵されているとはいえ、今でも全国から資料が集まってくる。私が取材で訪れた際も、年配の方が昔のお菓子に付いていた〝おまけ〟を寄贈されていた。開館してから展示スペースはすでに二倍になり、地下一階には当時走っていた車の展示も。常設展示だけでなく、企画展も行っているので、何度行っても楽しめるだろう。

そしてこの博物館のユニークな点は、〝お出かけ回想法〟に取り組んでいることだ。これは、博物館を見学して昔を懐かしみ、思い出話を語ることで、高齢者の脳を活性化させ、気持ちを元気にしようというアプローチ。こうした取り組みを行っていることから、老人ホームやデイケアサービスなど、高齢者関連施設の人の来館も相次いでおり、博物館がもつ可能性をも広めている。

昭和から平成、そして令和の時代に突入している現代。それでも、昭和日常博物館に行けば、いつでもあの懐かしい昭和の世界に浸ることができるのだ。

昭和日常博物館
[住] 愛知県北名古屋市熊之庄御榊53
[電] 0568-25-3600
[時] 09:00 ～ 17:00（入館は16:40まで）
[休] 月曜日（祝日の場合は開館し、その日後の最初の休日でない日）／館内整理日（毎月末日）／年末年始（12/28 ～ 1/4）
[料] 無料

愛知県 31

壱番屋記念館

ギネスに認定された「ココイチ」の歴史は、ここから始まった!

今や国民食となっているカレーライス。誰もが一度は口にしたことがあるであろうメニューだが、その代表的なチェーン店といえば「カレーハウスCoCo壱番屋」だろう。

平成25年には、「世界で最も大きいカレーレストランのチェーン店」としてギネス世界記録※に認定されたココイチ。そんなココイチには「壱番屋記念館」という記念館が存在するということはあまり知られていない。

その記念館があるのは、愛知県清須市。ココイチ一号店の二階にひっそりと佇んでいる。記念館としては小規模ではあるものの、こぢんまりとした一室には、ココイチ創業時からの歴史を解説したパネルや、過去に販売されていたグッズ、

1

とび辛表

★並の人ではとても食べられませんが、もし食べたとしたら!!　追加料金

1 辛	口中ボーボー 三口でシャックリ	20円
2 辛	汗はタラタラ 耳までマッカ	40円
3 辛	目はパチパチ 十二指腸もビックリ	60円
4 辛	頭はガンガン 二日酔もマイッタ	80円
5 辛	全身ガクガク 三日はケッキン	100円
それ以上	内臓破裂 医者の紹介致します	100円

2

ライス	ポーク	ビーフ	
200g	330円	500円	小 盛
300g	380円	550円	普 通 盛
400g	480円	670円	普通の大盛
500g	580円	790円	
600g	680円	910円	並の女性の限界
700g	780円	1,030円	
800g	880円	1,150円	
900g	980円	1,270円	並の男性の限界
1,000g	1,080円	1,390円	
1,100g	1,180円	1,510円	
1,200g	1,280円	1,630円	
1,300g	1,380円	1,750円	これより20分で
1,400g	1,480円	1,870円	全部食べたら
1,500g	1,580円	1,990円	タダ

3

1.現在でもお馴染みの辛さ変更。創業当時から選べたご飯の量とは異なり、辛さ変更は開業の翌年から取り入れられた。／2.ご飯の量は創業当時から選べたようで、小盛から超大盛まで実に幅広く選ぶことができた。／3.パレット型のメニューは創業当時のもの。

メニューや制服のような店舗で見られるものから、ゲームソフトやトランプなど意外なグッズまでが並ぶ。

キャンペーンで配布していた品などが多数展示されている。

カレーハウスCoCo壱番屋は、創業者である宗次徳二・直美夫妻によって昭和53年に開業。もともと喫茶店を営んでいた夫婦が、売り上げを伸ばすために出前を開始し、そこで提供したカレーが好評となり、カレーライス専門店を開店したことが始まりだった。

一号店の開業後、すぐに順風満帆とはいかなかったが、真心からの接客と家庭的で飽きのこないカレーが好評となり、翌年には二号店と三号店をオープン。その後、平成16年には念願の1000店舗出店を達成。現在では、中国、タイ、インドなどアジアを中心に海外進出をも果たしている。

壱番屋記念館が開館したのは平成26年

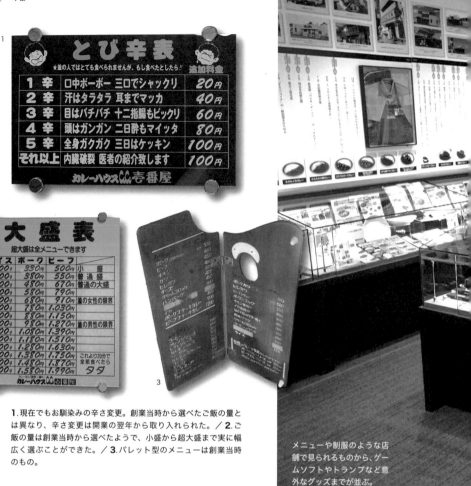

館内の一角には、開業時のカウンターを再現。昔ながらの椅子に、現在では見られない黄色を呈したテーブルが印象的。

の1月。一号店を建て替える際に「せっかく建て替えるなら会社の歴史を振り返れる施設をつくろう」という話になり、

本社に保管していた品などを展示。今では全国のココイチファンが訪れるだけでなく、従業員の教育の場としても活用されている。

海外の店舗で使用されているメニューは非常に斬新で、見ているだけでも面白い。多くの人に愛されるココイチだが、愛知県に本社・一号店があることや、店舗でグッズを販売していたこと、実はゲームソフトにもなっていることなど、展示を通して知らない一面がたくさん見えてくる。

この記念館は、スタッフが常駐していないこともあり、来館には事前予約が必要だ。予約をすると、ココイチの社員さんが来て開けてくれるので、気になっていることがあればいろいろ聞いてみるのもいいだろう。

普段利用しているお店でも、こうした施設を訪れることでより興味・関心が湧くきっかけになるだろう。ココを訪問すると、もっとココイチのカレーが食べたくなること間違いなしだ。

壱番屋記念館

[住] 愛知県清須市西枇杷島町末広31
[電] 0586-76-7545
[時] 平日14:00～16:00／土日祝9:00～11:00
※予約受付時間 平日9:00～17:00
[休] 年末年始／ゴールデンウィーク／お盆期間
[料] 無料

※ギネス世界記録™は
ギネスワールドレコーズリミテッドの登録商標です

名古屋には、伝承遊びを通して想いを伝える
熱いコマ名人がいた！

愛知県
32

日本独楽博物館

皆さんは、子どもの頃にどんな遊びをして過ごしただろうか？　昭和62年生まれの著者は、ゲームボーイやファミコン、ミニ四駆などで育った世代だ。とはいえ、新しいおもちゃは日々生まれており、昨今では遊びも多様化していたりもする。

そんな中、爆発的ブームにはならずとも、昔から長きに渡り受け継がれている遊びもある。その一つが、〝コマ〟だ。そして愛知県の名古屋市には、世界中のコマが収蔵され、さらにはコマ遊びを楽しむことができる「日本独楽博物館」がある。

名古屋の中心部から南側に位置し、名古屋港の近くにあるこの博物館。倉庫のような大きな一室に、ビックリするほどの凄まじい数のコマが展示されている。200年前のアラスカの石で作られたコマ、サイコロのように楽しめるコマ、お座敷遊びで使われていたコマなど、そのバリエーションは想像以上。コマに限らず、けん玉や竹トンボなどなど、昔遊んだ伝承遊びの数々も見られ、懐かしい気分になる。

この博物館の館長を務めるのは、コマ名人である藤《ふじ》田《た》由仁《よしひと》さん。コマを集めるきっかけは、九州の水前寺公園に出かけた時に訪れたお土産屋で見つけた珍しいコマに惹かれたことだ。もともとはサラリーマンだった藤田さん。全国のコマを集めるべく、金曜の夜から車を乗り回して休日はひたすら駆けずり回る日々。まだネットもない時代だったこともあり、訪れた地域の駅前で聞き込みをするなどして探し回った。そうしたコレクションを展示すべく、さらにはコマ遊びができる場所を作りたいと思い、昭和55年に日本独楽博物館を開館。

コレクションと並行してコマの腕も磨

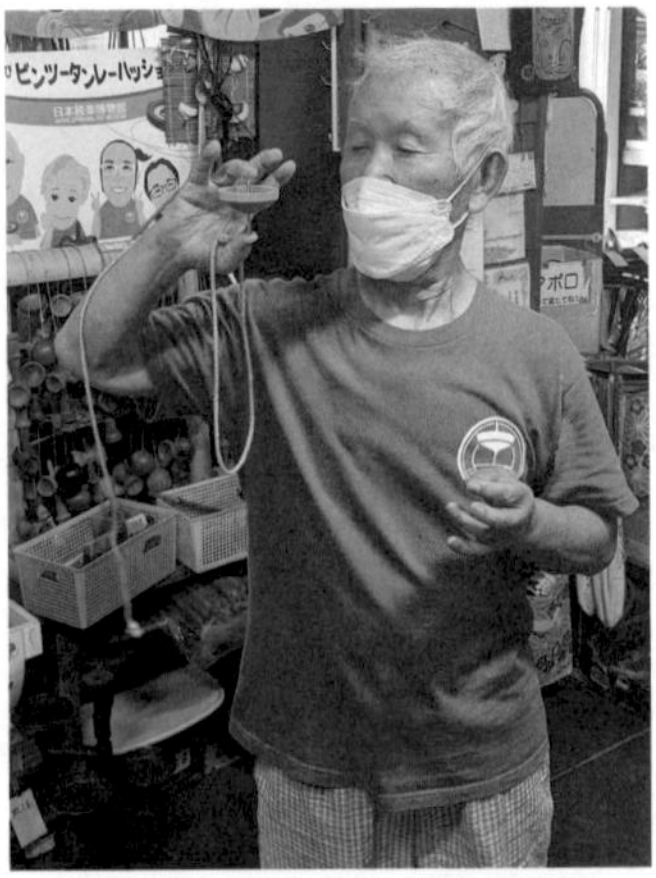

御年80歳の藤田さんではあるが、今でも腕前はピカイチ。取材の時も、たくさんの技を披露してくれた。

いていった。こうなると、もうコマの活動だけで生きていきたいと意を決し、サラリーマンを辞めてコマ一筋に。食べていけるかという心配はあったものの、昔の遊びを再発見する時代の流れにたまたま乗ることができ、幼稚園や保育園、おやこ劇場などからコマ遊びを教えてほしいという依頼が殺到。依頼は年間で330件にも及び、博物館は奥さんに任せて、コマ遊びを伝えるべく、ひたすら全国を飛び回った。そうした活動を経て、現在は博物館を訪れる人にコマの楽しさや魅力を伝えているのだ。

博物館には、日本国内のみならず海外のコマも展示されているほか、コマ以外の伝承遊びの道具、ブリキのおもちゃ、さらにはお祭りで見かけるお面など、子どもにまつわるあらゆる物が展示され、その数は5～6万点に及ぶ。

しかし、コレクションの数はもう数えていないそうだ。そもそも、藤田さんが博物館を通して伝えたいことは、コレクションではなく、〝生き方〟や〝人生の楽しさ〟なのだ。

紐を巻いて、投げて回す。藤田さんいわく、誰であっても教われば1分で回せるというコマ。そのため、「失敗したくない」「失敗を他人に見られたくない」とコマ遊びをためらう子どもたちに、「一歩を踏み出す勇気」「成功した時の楽しさ」を体感してほしい。そして、そういった気持ちや体験を重ねて人生を歩んでほしいとのこと。

さらに、ひとくちにコマ遊びといっても、300もの技がある。失敗が新たな技を生み出すきっかけになることもあるので、決まりきったことをやるだけでなく、紐とコマを使っていろいろな創意工夫をしてみる。そうすることで、自分で考える力も身につく。そうした熱い想いが、この博物館を運営する意義とのことだ。

博物館にコマ遊びができるスペースがあるのは、そのため。実際にコマを回せるだけでなく、コマ名人である館長自らが教えてくれるだけあって、全国各地からお客さんがやってくる。私が取材した際も、コマの腕を磨くべく、東京から新幹線で来たという来館者も見られた。

子どもから大人までが楽しめ、そして熱中してしまうコマ回し。世代の垣根を超え、皆が楽しめるだけあって、大変貴重で有意義な博物館ではないだろうか。

1

2

3

4

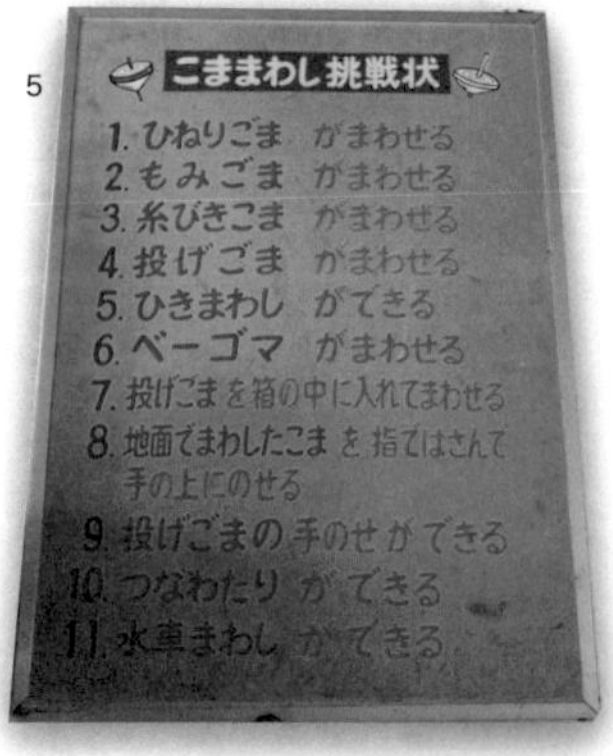

5

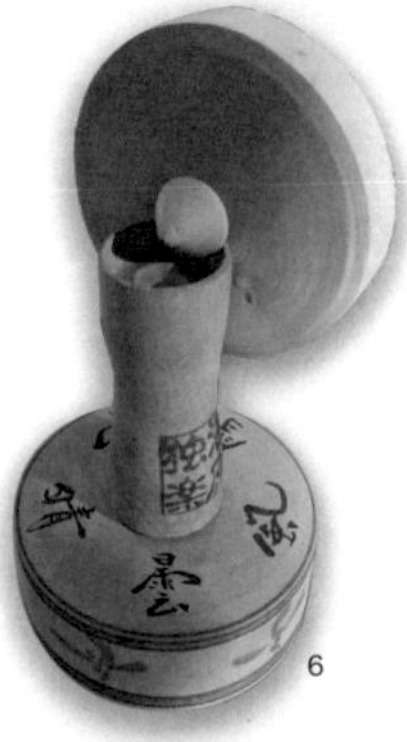

6

7

8

日本独楽博物館

［住］愛知県名古屋市港区中之島通４丁目7-2
［電］052-661-3671
［時］10:00～17:00
［休］不定休（要事前確認）
［料］無料

1.このコマこそが、藤田さんがコマにハマる原点となった。／**2**.倒れた方向で数字が決まるサイコロとして使えるコマ。／**3**.めちゃくちゃ巨大なだけに、回っているところを見てみたい。／**4**.コマが倒れた方角に座っている人が酒を飲み干すという、お座敷で使われていたコマ。／**5**.ただ回すだけではなく、コマには無限に技が存在するのだ。／**6**.回り終わっても下に落ちない面白い作りのコマ。コマにも色んなタイプがあるんだな～。／**7**.置き物に見えるかもしれないが、これもコマなのだ。／**8**.コマ名人として公演しながら全国を回っていた藤田さん。

関西

滋賀県	㉝	豊郷小学校旧校舎群
京都府	㉞	京都国際マンガミュージアム
大阪府	㉟	亀の瀬地すべり歴史資料室
奈良県	㊱	ならまち糞虫館
和歌山県	㊲	春林軒
	㊳	トルコ記念館

アニメの聖地に奉安庫！
戦前に建てられた東洋一の小学校は、町が誇るシンボルに！

滋賀県
33

豊郷小学校旧校舎群

子どもたちのさまざまな思い出が残る小学校の校舎。全国にある小学校の建物は、閉校したあとも宿泊施設、博物館、さらには水族館に生まれ変わるなど、さまざまな方法で観光資源として再利用されている。

そんな中、滋賀県の豊郷町には、「東洋一の小学校」「白亜の教育殿堂」と称された、かつての豊郷小学校の建物が佇んでおり、館内を自由に見学することができる。

滋賀県の東部に位置し、県内で一番小さな町である豊郷町。伊藤忠商事、丸紅の創設者である伊藤忠兵衛の出身地としても知られており、「豊郷小学校旧校舎群」は町を代表する観光スポットだ。学校の建物というよりは、ホテルのような外観。無料で自由に出入りすることができる校舎の中は、レトロチックで味のある雰囲気に浸ることができる。

豊郷小学校が誕生したのは明治20年。現存する校舎は二代目で、昭和12年に竣工した。建て替えられた要因としては、昭和10年頃、児童数の増加による教室不足に陥った際、地元出身の実業家・古川鉄治郎が「小学校の敷地と建物を寄付したい」と申し出たことが背景にあるとのことだ。

設計を担当したのは、アメリカから英語教師として来日したウィリアム・メレル・ヴォーリズ。彼は、家庭保健薬として知られる〝メンソレータム〟を日本に広めた実業家である一方、日本に多くの西洋風建築を残した建築家だった。古川氏の膨大な私財が投じられただけに、「建てるなら最高の学校を作ろう！」と、最高レベルの実験器具や教材が集められた。南国のような雰囲気をも感じる庭

は豊島園を設計した戸野琢磨が手がけ、プールやテニスコート、そして当時では珍しい水洗トイレまでを備えた、まさに東洋一の小学校だった。

平成に入り、老朽化問題、平成7年に発生した阪神・淡路大震災による耐震問題が浮上すると、校舎を解体して新校舎を建設するという話に。保存と解体を巡り、町を二分する事態にまで発展した。結局、旧校舎とその付帯施設は保存し、反対側にグラウンドと新校舎を新築することとなったのだ。

豊郷小学校旧校舎群は、校舎、講堂、酬徳記念館（観光案内所）の総称。大きな窓を多数取り入れて採光を工夫するヴォーリズ建築の特徴のみならず、階段の手摺りに造られたウサギとカメ、理科室には当時の実験器具がそのままの状態で残されているほか、上品な貴賓室も見

2

3

1.講堂の舞台上にある壁の奥には、天皇の御真影が収められた奉安庫が今も残る。凄まじく重厚な造りで、戦前からの建物であることを物語っている。／**2**.階段の手すりに見られる童話『ウサギとカメ』の彫刻は、この建物の目玉の一つ。上の階に行くにつれてウサギとカメのレースが展開されている。／**3**.採光を意識した造りなだけに、幅の広い廊下は日差しが眩しいほどに明るい。

られる。そうした珍しい造りを見ることができるだけでなく、教室を覗いたりするたびに、どこか懐かしく、昔の学校の思い出に浸ることもできるのだ。

理科室にある東郷平八郎、乃木希典の肖像画、そして講堂の舞台に隠された奉安庫も残されているなど、戦前の建物だけあって当時の時代背景を感じることができる大変貴重なもの。

無料で構内を見学することが可能であるが、特別見学案内ツアーに申し込みをすれば、普段は立ち入ることのできない理科室、貴賓室、さらには屋上にも行くことができる。

この貴重な建築群は、人気アニメ『けいおん!』のキャラクターたちが通う学校のモデルではないかと注目されている。アニメの中で描かれた校舎がソックリだったことから、多くのファンが押し寄

1.こちらの理科室は、特別公開ツアーのみ入室が可能。フラスコやガスバーナーなど、懐かしい実験器具が見られる。／**2**.豊郷町の壮大な景色が広がる屋上も、特別公開ツアーでのみ立ち入ることができる。／**3**.かつての教室も復元されており、机や椅子も昔ながらの懐かしく美しい造り。

人気アニメの聖地ゆえに、ファンが寄贈したたくさんのグッズが並ぶ。

せ、それは日本のみならずアジア、欧米などの諸外国からも。作中で部室として使われていた部屋や付帯施設の観光案内所には、ファンが寄贈したグッズが置かれ、多くの人に親しまれている様子が垣間見える。

今では社会教育・福祉施設として活用されるだけでなく、人気アニメの聖地巡礼をも引き起こすなど、解体の危機を免れた戦前の貴重な校舎がこうした数奇な運命を辿っていることは、実に感慨深い。

地元の人のみならず、観光客やアニメファンからも愛されるだけに、これからもずっと残り続けてほしい施設だ。

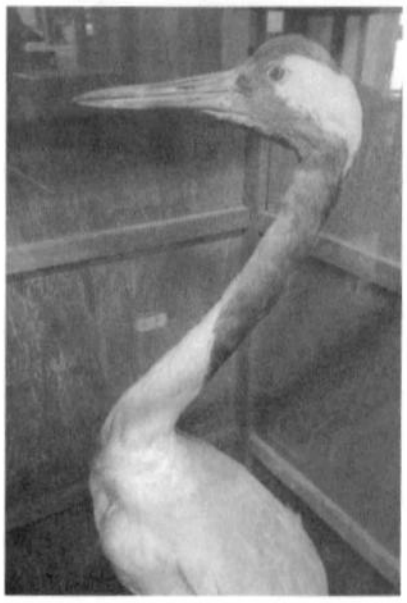

昭和12年の落成の際に寄贈された、貴重なタンチョウの剝製。今にも動き出しそうなほど、綺麗に保存されている。

豊郷小学校旧校舎群
[住] 滋賀県犬上郡豊郷町石畑518
[電] 0749-35-3737
[時] 09:00～17:00
[休] 月曜日（祝日の場合は翌日）／年末年始
[料] 無料

3階には、ファンの間で部室と呼ばれる部屋があり、机の上のティーセットなど、ファンによってアニメのシーンがリアルに再現されている。

圧倒される量のマンガに囲まれ、
好きな場所で好きなだけマンガの世界に入り浸ろう！

京都府

34 京都国際マンガミュージアム

今や日本を代表するカルチャーとして知られる〝マンガ〟。『鉄腕アトム』や『ベルサイユのばら』などの名作に加え、現代でも『スラムダンク』『ドラゴンボール』『ワンピース』など、有名な作品は数知れず。そんな中、多くの外国人が訪れる京都には、そんなマンガにおける総合的なミュージアムである「京都国際マンガミュージアム」がある。

京都の中心部に位置するこのミュージアムは、かつての小学校の建物を活用。館内には、展示室のみならず、廊下や階段の踊り場にまで〝マンガの壁〟と呼ばれる本棚が立ち並ぶ。そうした図書館の要素に加えつつ、日本のマンガ文化を学べるイベントや企画展も多く、さまざまな角度からマンガ文化に浸ることができるのだ。

このミュージアムの運営母体である京都精華大学は、マンガ学部という珍しい学部があることでも知られている。この大学では、マンガ文化の調査・研究のためにと、閉店した貸本屋などから、江戸時代の風刺絵から昨今のマンガまで、さまざまな資料の寄贈を受けていた。多くの資料が集まったこともあり、「これらの資料を社会に還元したい」との想いから、ミュージアムの構想が生まれた。そうした想いに沿う形で、閉校となった小学校の校舎を京都市が提供し、平成18年に開館。

ミュージアムに収蔵されている資料は実に30万点にも及び、館内に並ぶマンガ本は5万冊。現代の作品はもちろんのこと、よそではそうそうお目にかかれない大正時代のマンガまでもが並んでいる。普段身近にあるマンガではあるが、

これだけの数が並ぶ光景は圧巻で驚くばかり。そうしたマンガ本は、手に取って読むことができるのが嬉しい。教室や講堂、廊下などに設けられた椅子に座って読むのもよし、さらにはグラウンドで寝っ転がりながら読むのもOK。施設の方針としても「マンガを好きなように楽しんでほしい」という想いがあることから、そうした自由さも魅力だ。

かつての小学校の校舎を活用していることもあり、館内は学園祭のような独特な雰囲気。子どもの頃を思い出し、どこか懐かしい気分にもなる。また、日本のマンガは世界でも認知されていることから外国人の来館者も多く、特に中国やフランスの人が多いそうだ。基本的にはマンガを読みに来る人が多いものの、外国の人はマンガ文化を知るためにやっ

横幅約11メートルにもなる火の鳥のオブジェは、仏像彫刻による「寄木造り」という技法が取り入れられている。

館内を埋め尽くす「マンガの壁」に並ぶマンガは、開館の前年に閉店した東京の「大久保ネギシ書店」から寄贈されたもの。

てくるなど来館者の目的はさまざま。チケットを買えば、当日は出入り自由なのもありがたい。

また、この建物は明治2年に開校した龍池小学校の昭和初期に建てられた校舎で、地元の人が資金を出し合ったことで誕生しただけに、周辺住民の思い入れも強い場所。公民館的な役割も果たすなど、地域にも生かされているのだ。

とにかく、収蔵数が凄いだけに一日があっという間に過ぎてしまう。長時間滞在する人も多く、年間パスポートが用意されているのも納得だ。京都へ観光に訪れた際には、元校舎という特別な場所で、思う存分マンガの世界に浸ってみよう。

京都国際マンガミュージアム

[住] 京都府京都市中京区烏丸通御池上ル
[電] 075-254-7414
[時] 10:30 ～ 17:30（入館は17:00まで）
[休] 水曜日（祝日の場合は翌日）／年末年始／メンテナンス期間
[料] 大人900円／中高生400円／小学生200円

開館日には毎日開催される紙芝居。笑いを交えた口演は、子どもたちにも大人気。

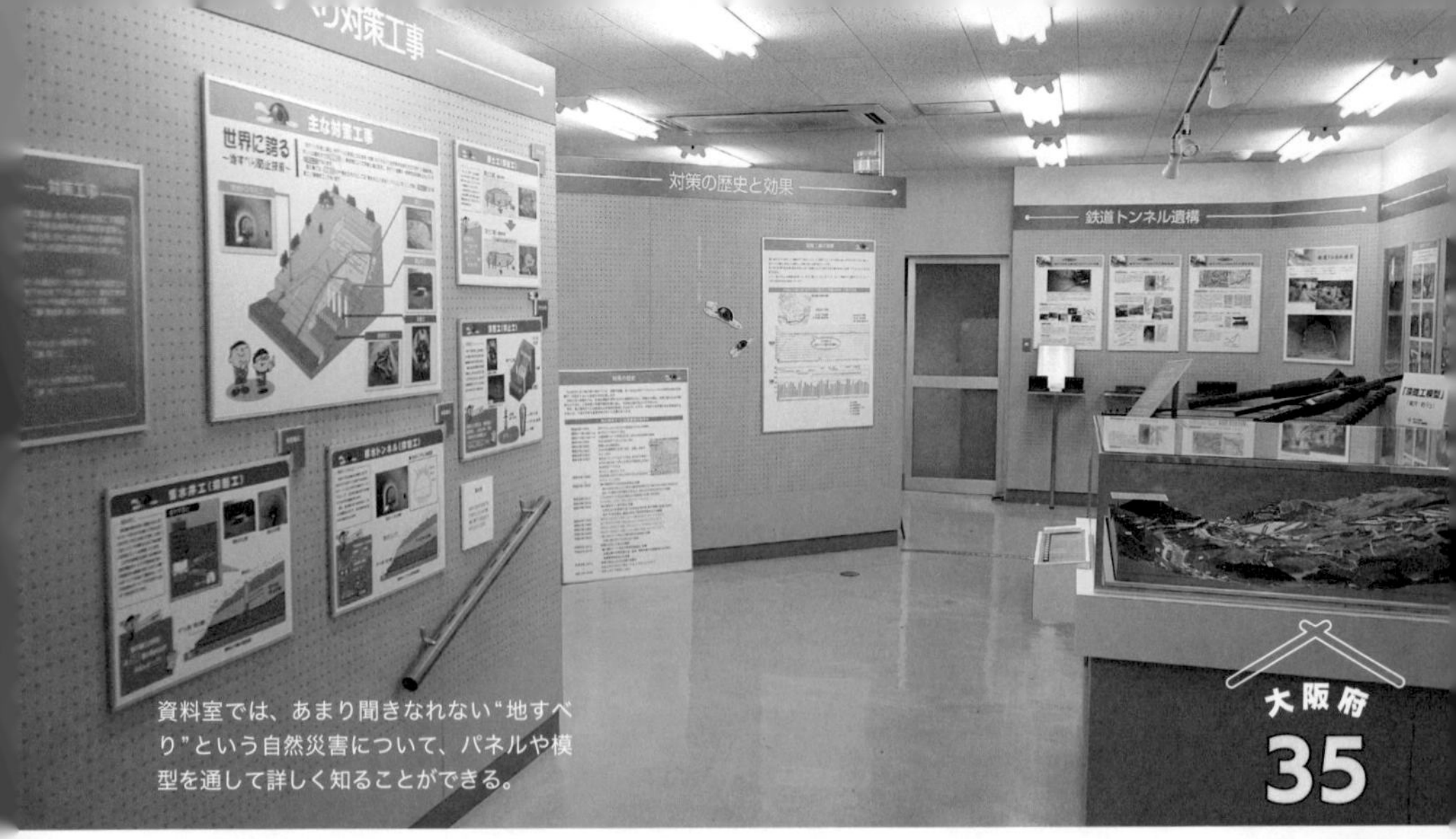

資料室では、あまり聞きなれない“地すべり”という自然災害について、パネルや模型を通して詳しく知ることができる。

大阪府
35

もう、すべらせない！ 大阪と奈良の県境で続く、〝当たり前〟を支える戦い！

亀の瀬地すべり歴史資料室

私たちの生活の見えないところで、さまざまな人の支えがあることはなかなか気づきにくいもの。山地が多く平野が狭い日本では土砂崩れなどの災害が多く、大阪府と奈良県の県境に位置する〝亀の瀬〟という場所も、昔から地すべりが起こる場所として知られている。現在は、国が地すべり対策工事を行っているのだが、そんな亀の瀬には、地すべりやその対策工事の背景に触れることができる「亀の瀬地すべり歴史資料室」がある。

資料室では、写真や図を用いて、この場所で地すべりが発生するメカニズム、そしてその現象を食い止めるために行われている工事の流れを詳しく解説してくれるほか、実際に工事によって造られた排水トンネルの中を歩くなどの貴重な体験もできる。

昭和の終わりに開館した当時は、関係者ばかりが訪れるマニアックな場所だったものの、近年、亀の瀬が歴史ある古道の構成要素として日本遺産に登録されたことで、多くの人が訪れるようになったそうだ。

〝地すべり〟という単語はあまり聞き慣れないかもしれないが、山の斜面が崩れる土砂崩れとは異なり、山全体が動く現象を指す。亀の瀬という場所は、地質を調べると4万年ほど前から動いていることがわかっており、昔の人たちはそれが地すべりだとわからなかったために、万葉集では「畏《かしこ》の坂」という恐ろしい場所としても登場する。

では、なぜこの場所で地すべりが発生するのか。

それは、この付近の火山で噴火が少

1

2

3

4

5

6

1.この川を堰《せ》き止めないために、亀の瀬で大規模な対策工事が行われている。／**2**.亀の瀬を上空から見た様子。赤枠で示したエリアが手前に動き地すべりを起こしている。この地すべりによって、真っ直ぐだった大和川が蛇行していることがわかる。／**3**.排水トンネルの一部は見学が可能で、中は一年を通して16°Cほどの気温。周辺の地中に入った地下水が集まるため、大雨の時は傘がないと歩けないそうだ。／**4**.亀の瀬に網の目のように掘られた水路。この先はどこまで掘られているのだろうか。／**5**.地すべり工事でたまたま発見した明治時代のトンネル。煉瓦造りの貴重な遺構ということで、鉄道ファンにも大人気。／**6**.トンネル遺構の奥は昭和初期の地すべりで埋まったまま。このトンネルは、ここからさらに奥に約300mまで掘られていた。

なくとも二度発生していたことがわかっており、その二回の噴火によって堆積したそれぞれの溶岩層の間にツルツルした摩擦の少ない粘土層がはさまっていること、さらには雨水がしみこむと、より摩擦が低下して粘土層の上に積もった溶岩の層がすべりやすくなることが要因であるとのこと。

そして、万が一、亀の瀬で大規模な地すべりが発生してしまうと、大阪と奈良に壊滅的な被害が発生してしまうのだ。

山に囲まれた奈良盆地には、150ほどの川が流れており、最終的には全て大和川に集められて大阪湾へ流れていく。しかし、地すべりが発生して大和川をせき止めてしまうと、奈良の市街地は湖の底になり、限界まで奈良に水が貯まると、今度は土石流となって大阪平野を襲うのだ。その被害額は6兆円ともいわれており、こうした被害を食い止めるために、亀の瀬では今も工事が続いている。

来館者が歩くことができる排水トンネルは、亀の瀬に降った雨水を地中から大和川へ排水するためのもの。足元だけでなく、天井からも水が滴り、外からでは想像もできない空間が広がっている。

中でも一番の見所は、明治時代に掘られたトンネル遺構だ。亀の瀬には、旧大阪鉄道のトンネルが貫かれていたものの、昭和初期の地すべりによって塞がれてしまっていた。しかし、排水トンネル工事の際に、掘り進んでいたら、たまたまこの鉄道トンネルにぶち当たり、当時の原型を目のあたりにできることから、今では本筋の地すべり以上に人気のスポットになっているのだ。

亀の瀬は、古代より都の西の玄関口として交通・経済・治水を支えた龍田古道の心臓部であることから、2021年には日本遺産に選定。それにより、バスツアーのコースに組み込まれたほか、鉄道トンネル目当てに鉄道マニアが訪れるなど、近年は多くの人が訪れる場所となっている。

現在は、亀の瀬のエリアに100か所ほどセンサーを配置して24時間監視をしており、1ミリでも山が動けば検知できる仕組みになっている。われわれの日常は、知られざる“当たり前”を支える人たちによって成り立っていることを、改めて思い知らされる。

亀の瀬地すべり歴史資料室

［住］大阪府柏原市峠28-1

［料］無料

※「連絡先」「開館時間」「休館日」に関しては、HPをご確認ください。

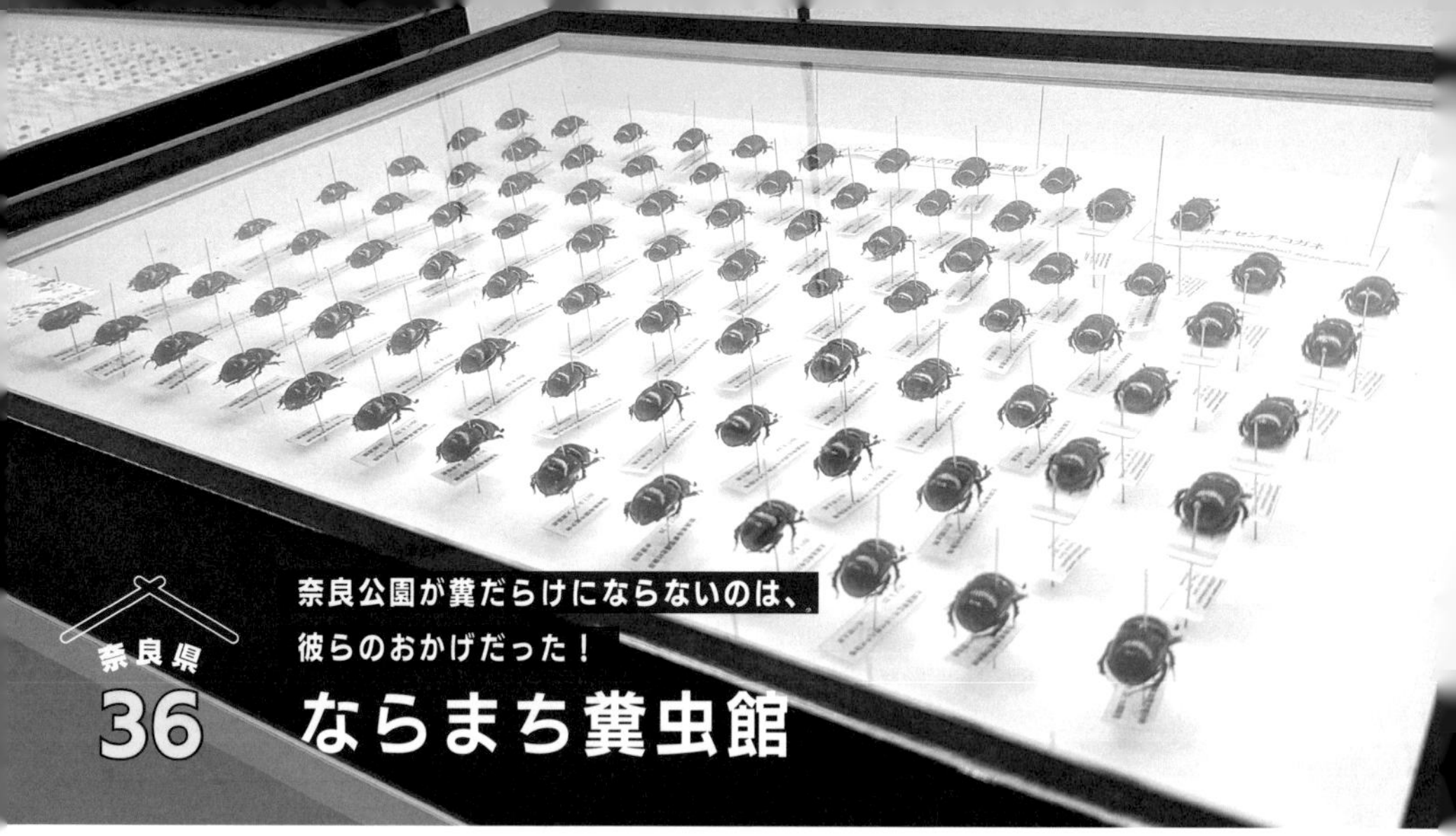

奈良公園が糞だらけにならないのは、
彼らのおかげだった！

奈良県 36

ならまち糞虫館

カブトムシやクワガタなど、小さい頃に昆虫採集を楽しんだ人は多いはず。筆者である私も、虫取り網やかごを揃えては、セミ捕りやクワガタ採集に明け暮れたものだ。そんな昆虫というテーマを扱う博物館施設の中でも、古都・奈良には〝糞虫〟をテーマにした大変ユニークな施設が存在する。

江戸や明治の頃に建てられた町家が並び、風情ある街並みが広がるならまち。その細い路地にひっそりと佇んでいるのが、「ならまち糞虫館」だ。木造二階建ての古家を改修した館内には、日本のみならず、世界中に生息している糞虫の標本が展示されている。昆虫標本でよく見る標本箱に収められた展示だけでなく、カラフルなボールを用いたおしゃれな見せ方であることから、昆虫が苦手な人でも抵抗なく観賞することができるはずだ。

展示されている糞虫は、実にバリエーションに富んでいる。米粒ほどの大きさしかない日本最小の糞虫から、外国に生息するものはカブトムシほどになるなど大きさの幅は広く、赤銅、青緑、赤紫と色彩もさまざま。

この糞虫館は、館長の中村圭一さんが運営する個人博物館。訪問すれば、中村さんが直々に展示されている糞虫について解説してくれる。大変親切に、そして熱く語ってくれるだけに、中村さんの熱量がひしひしと伝わってくる。

とはいうものの、多くの人が疑問に思うかもしれない。なぜ中村さんは糞虫に魅せられ、そして、なぜ奈良に糞虫の博物館を造ったのか。

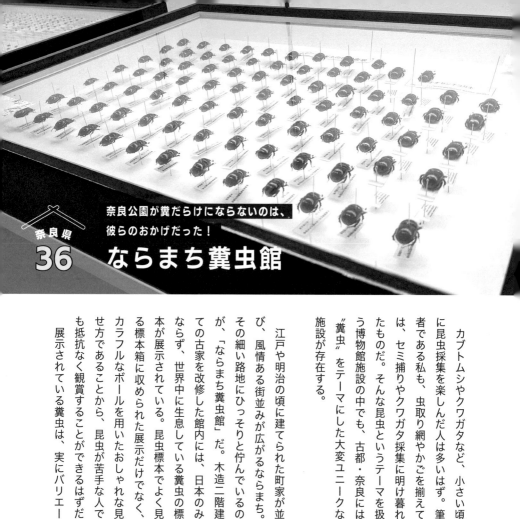

そもそも、〝糞虫〟とは「糞を食べるコガネムシのなかま」のこと。ファーブル昆虫記に出てくる〝フンコロガシ〟をイメージする人が多いかもしれないが、フンコロガシも糞虫に含まれる。

　中学生の頃、夏休みの宿題として作成された友だちの昆虫標本を見たことで糞虫の虜になった中村さん。クワガタやカブトムシなどの人気のある昆虫も好きではあったものの、昆虫図鑑でも見られず、謎多き糞虫の生態を調べることにハマっていったそうだ。

　そして、この糞虫館が、ならまちにある理由も面白い。

　奈良県には、多くのシカがいることで知られる奈良公園があるのだが、奈良公園は、金華山（宮城県）、宮島（広島県）とともに糞虫の三大聖地といわれているほど、多くの糞虫が生息しているのだ。奈良公園にいるシカの数は１３００頭ほどといわれている。一日に1トン近いウンチをするが、それでも奈良公園がウンチだらけにならないのは、糞虫たちが分解することで土に還る手助けをしているから。生息している糞虫たちが、掃除屋としての役割を果たしてくれているということだ。そう聞くと、ならまちに糞虫館があるのも納得だろう。

　長年サラリーマンとして働いていた中村さん。しかし、45歳の時に会社のライフプラン研修を受けたことをきっかけに第二の人生を考え、「好きなことをして生きていこう」と決めてこの糞虫館を誕生させた。

　来館者は家族連れが3割で、夏休みは特に子連れの人が多い。アクティブシニア層も割と多く、男女比率は五分五分。平日は本業があるため、糞虫館は土日の午後のみの開館だが、土日の午前には糞虫の観察会や講演が入ることも多く、中

1

2

3

1.中学生の頃から糞虫にハマり続けている館長の中村圭一さん。糞虫の魅力を伝えるため、博物館以外にも講演や観察会など、大忙しの日々を送っている。／**2**.Tシャツや中村さんの書籍などのグッズ、さらには新聞や雑誌などのメディアで取り上げられたたくさんの記事も見られる。／**3**.せんべいを求め、奈良公園の観光客と触れ合うシカたち。彼らの糞があることで、奈良公園は糞虫の聖地となっている。

村さんの糞虫の魅力を伝える活動は多岐に渡っている。

小さい頃から糞虫に魅せられた中村さんの、糞虫愛溢れる博物館。住宅地の奥まった場所にあるため、来館者の半分近くが迷うとのことで、場所をチェックしてからの訪問をオススメする。

ならまち糞虫館

[住] 奈良県奈良市南城戸町28-13
[電] -
[時] 13:00～18:00
[開] 土曜日・日曜日（年末年始は除く）
[料] 大人300円／子ども（小学生以下）100円

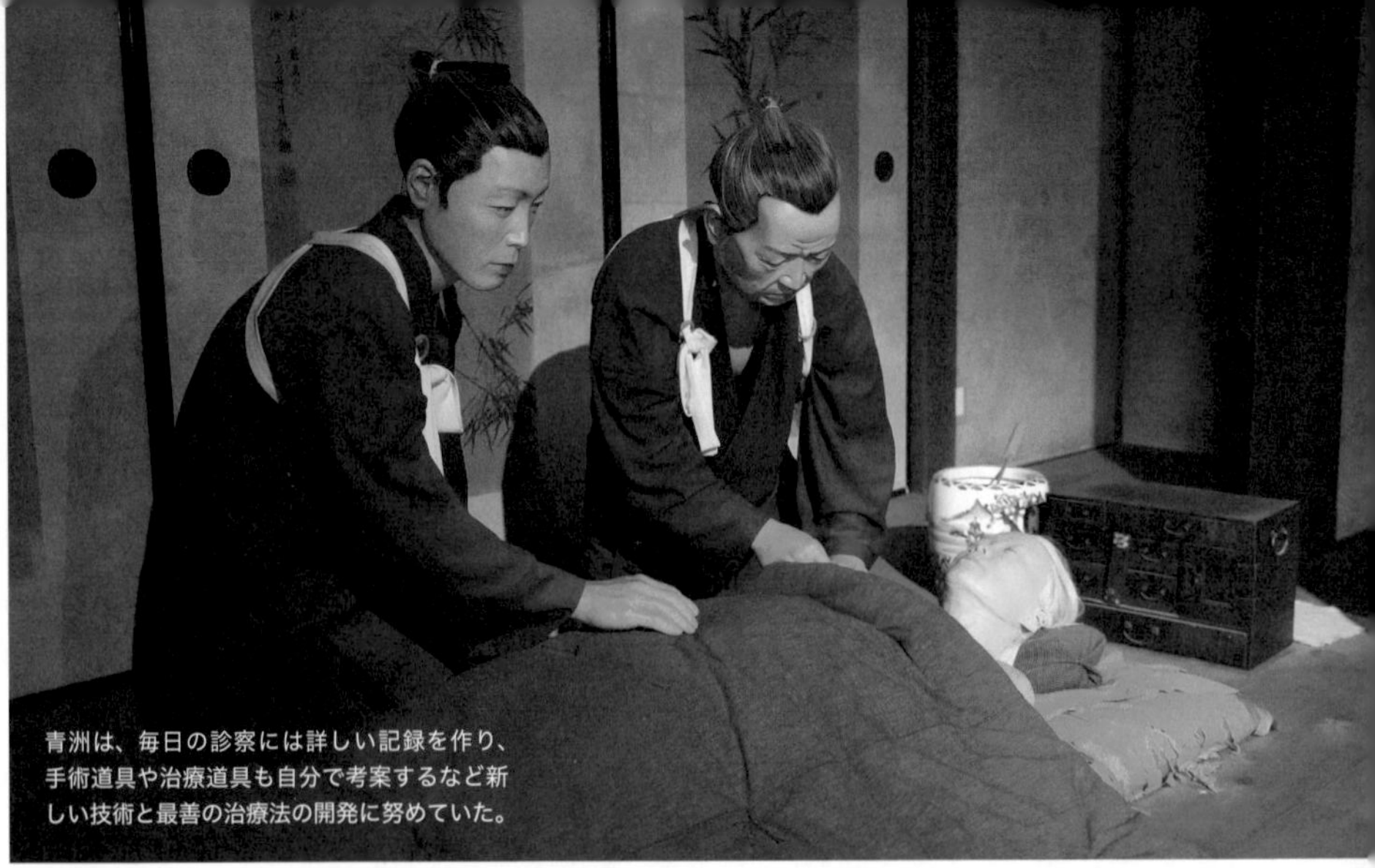

青洲は、毎日の診察には詳しい記録を作り、手術道具や治療道具も自分で考案するなど新しい技術と最善の治療法の開発に努めていた。

和歌山県
37

春林軒

麻酔薬の開発に20年！ 和歌山県の山里で成し遂げた、世界初の偉業とは⁉

さまざまな分野の技術が進歩している現代において、薬や医療の発達も目を見張るものがある。そしてそれは、多くの先人たちの努力によって、たくさんの治療薬が生み出され、医療技術が発達したためだ。そんな中、和歌山県の紀の川市には、世界で初めての全身麻酔による乳がん摘出手術を成功させた偉人・華岡青洲《はなおかせいしゅう》の偉業を語り継ぐ施設「春林軒」がある。

和歌山県の北部に位置する紀の川市。イチゴ、モモ、キウイフルーツをはじめとする農産物の生産がさかんな、自然豊かな地域だ。春林軒は、この市内にある道の駅・青洲の里に併設する形で一般公開されている。

春林軒とは、住居兼病院、さらには医学校でもあった施設のこと。敷地内には、診察控室や手術室、さらには居間や茶の間などの生活空間が合わさった主屋を中心に、病室、蔵、そして門下生たちが医学の習得に励んだ南長屋などの建物が見られる。

青洲が行った診察の様子、さらには門弟に対する講義の様子が人形や音声で再現されているほか、映像を通して、青洲がいかにして全身麻酔手術を成功させたかについて知ることができる。

　華岡青洲は、村で医者をしていた家庭に8人兄弟の長男として生まれた。幼い頃から父の献身的な医療を目にしていた青洲は、23歳の時から3年間、京都で医療を学び、帰郷後、家業を継ぐことになる。

　京都で医療を学んでいた際に、三国時代の中国の医者である華佗《かだ》が、マンダラゲ（朝鮮朝顔）を使って人を眠らせ手術をしたという記述を知った彼は、麻酔薬を独学で開発。イヌやネコを使って実験を繰り返し、最終的には人体治験として妻や母の献身的な協力を得るなど、さまざまな試行錯誤を続け、20年もの歳月を経てマンダラゲを主成分とする麻酔薬「麻沸散《まふつさん》」を開発した。そして文化元（1804）年、全身麻酔による世界で初めての乳がん摘出手術を成功させたのだ。

　手術の成功で青洲の名は全国に広ま

1

2

3

4
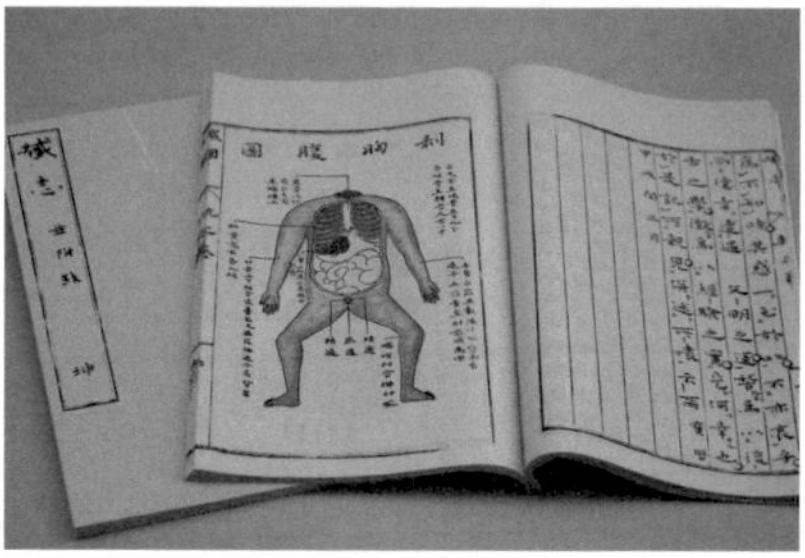

1.診察室の隣にある客間には、青洲の医道に関する考えを聞くために多くの人が訪れただろう。／**2**.館内で見られるこちらの絵は、青洲が世界初の全身麻酔による乳がん摘出手術を行った女性を描いている。／**3**.麻沸散の主成分はこちらのマンダラゲであり、中国の伝説的な医師・華佗《かだ》がマンダラゲを使って手術をしたという記録を参考にした。／**4**.展示室には青洲にまつわる当時の資料が並び、こちらは日本で最初の解剖書である『蔵志《ぞうし》』の複製。

診察室の隣には調剤室があり、たくさんの薬草や昔の薬棚などが見られる。ここでたくさん薬を調合していたのだろう。

り、春林軒には青洲の生前、没後も含め1000名を超える塾生が華岡流医術を学ぶために押し寄せた。その後、西洋医学が主流となったことで春林軒はその役目を終えたが、青洲が行った、患者一人一人に向き合い客観的・実証的な医療を志す姿勢は、現代に受け継がれている。

施設内を見学すれば、江戸時代に開業した病院の建物ということもあり、現在の病院とは設備がかけ離れているものの、それゆえ、昔に比べて現代の発展した医療を受けられることにありがたみを感じる。そのほかにも、病院と住まいが一体になっている点も興味深い。現在でも緑に囲まれた静かな場所であり、この田舎で当時の最新の医療が受けられたということにも驚かされる。

春林軒のみならず、道の駅にあるフラワーヒルミュージアムには、青洲が実際に使用した眼鏡や医療器具、医学書や手術の際の誓約書など、さまざまな資料が展示されているため、こちらの施設もぜひ見逃さずに。

県内では青洲のことは学生時代に必ず学び、郷土の偉人として親しまれている。人々の幸せを願い、医学の発展に多大なる功績を残した人物の人となりを語り継ぐ施設が、道の駅にひっそりと佇んでいる。

春林軒

［住］和歌山県紀の川市西野山419-4
［電］0736-75-6008
［時］10:00～17:00（16:30最終受付）
※11月～2月は16:30（16:00最終受付）まで
［休］火曜日（祝日の場合は翌平日）／年末年始
［料］大人200円／小中学生100円／小学生未満 無料

和歌山県 38

トルコ記念館

誇り高き助け合いの精神！
日本とトルコに結ばれた、深き友情の礎とは⁉

本州の最南端に位置する和歌山県串本町。近年では、日本初の民間ロケット発射場が誕生したことでも注目を集めている。この町には、かつて難破したエルトゥールル号の船員たちを住民が救助した過去があり、以来、トルコとの友好関係にある町として知られている。その物語を語り継いでいるのが「トルコ記念館」だ。

本土から橋を渡った紀伊大島に位置する記念館。日本とトルコの国旗がはためき、外壁に見られる色鮮やかなトルコタイルが印象的だ。こぢんまりとした館内では、展示パネルや当時の関連資料などから、エルトゥールル号の海難事故によって生まれた日本とトルコの長きに渡る友好の歴史に触れることができる。

事故が発生したのは、まだトルコがオスマン帝国だった明治23年9月16日のこと。

オスマン帝国初の親善訪日使節団が明治天皇に拝謁するため、日本へやって来たエルトゥールル号。日本で熱烈な歓迎を受けたものの、帰路の途中、紀伊大島樫野崎沖を航行中に台風に遭遇したことで岩礁に激突。船は難破し、５８７名もの乗組員が殉職。生存者は69名という大海難事故となった。

この事故の際、当時の大島村民は全村を挙げて生存者の介護、殉職者の遺体捜索に奔走。無償で治療を行い、村に蓄えられたわずかな食料さえも供出した。こ

小さな記念館ではあるが、昔の写真や展示は豊富であり、日本とトルコが経てきた友好の歴史がわかりやすくまとめられている。

の村民たちの行動はトルコ本国にも伝えられ、トルコ国民が日本人に対し、友情や敬愛を抱くきっかけとなった。

記念館には、砲弾や銃、当時使用されたと思われる瓶などのエルトゥールル号の遺品、さらには当時の村長が書き残した文書や乗組員の診断書などの貴重な資料も展示されている。施設の目の前には大海原が広がり、エルトゥールル号が激突した〝船甲羅〟と呼ばれる岩礁を覗くこともできる。

地元で語り継がれていた日本とトルコの絆の物語は、イラン・イラク戦争をきっかけに世に広まることになる。日本人が取り残されているイランへ、トルコ政府が救援機を送り、逃げ遅れた日本人全員を救出したと報じられたためだ。さらには秋月達郎の小説『海の翼』や、平成27年に公開された映画『海難1890』の題材にもなったことから、こうした作品で知った人もいるかもしれない。

古来から海上の難所だった和歌山県沖・熊野灘。岩礁に激突して真ん中から折れて沈没し、船員たちは荒れ狂う海に投げ出されてしまった。

トルコ記念館が開館したのは昭和49年のこと。当時は本州と紀伊大島を結ぶ橋が架かっておらずフェリーで渡るしかなかったが、平成11年に橋が架かり、アクセスが容易になった。串本町には、現在でもトルコ大使が度々訪れるなど友好関係は続いており、トルコ人観光客の訪問もあるようだ。

記念館のそばに建てられた殉職者を弔う慰霊碑は、昔から地元の子どもたちが清掃しているなど、近隣住民たちにも親しまれている。

1

2

3

4

1.串本駅に建てられたゲート。記念館のみならず、市内には至るところにトルコとの友好を語り継ぐ光景が見られる。／**2**.エルトゥールル号が激突した岩礁は、今も当時のまま。こんな小さな岩礁が大きな船を難破させたとは……／**3**.記念館のそばに建つ、事故の犠牲者を弔う慰霊碑。今でも、5年ごとに追悼祭が行われている。／**4**.遺品である、高さ4.7cmで八角形を成したガラス瓶。一般には香水瓶と呼ばれているが、確かな用途はわかっていない。

串本町には、ペリー来航以前にアメリカ商船が寄港した際の物語に触れることができる「日米修交記念館」、白蝶貝採集のためオーストラリアの木曜島へ渡った先人たちの物語を伝える「潮風の休憩所」のように、知られざる歴史を語り継ぐ施設がトルコ記念館以外にも見られる。興味があれば、これらの施設も併せての訪問をオススメする。

トルコ記念館

[住] 和歌山県東牟婁郡串本町樫野1025-26
[電] 0735-65-0628
[時] 09:00～17:00
[休] 年中無休
[料] 大人500円／高校生以下250円

中国・四国

岡山県	39	つやま自然のふしぎ館
広島県	40	ふりかけ資料館 楠苑
	41	大久野島毒ガス資料館
山口県	42	金子みすゞ記念館
香川県	43	へんろ資料館（通称：おへんろ交流サロン）
高知県	44	むろと廃校水族館

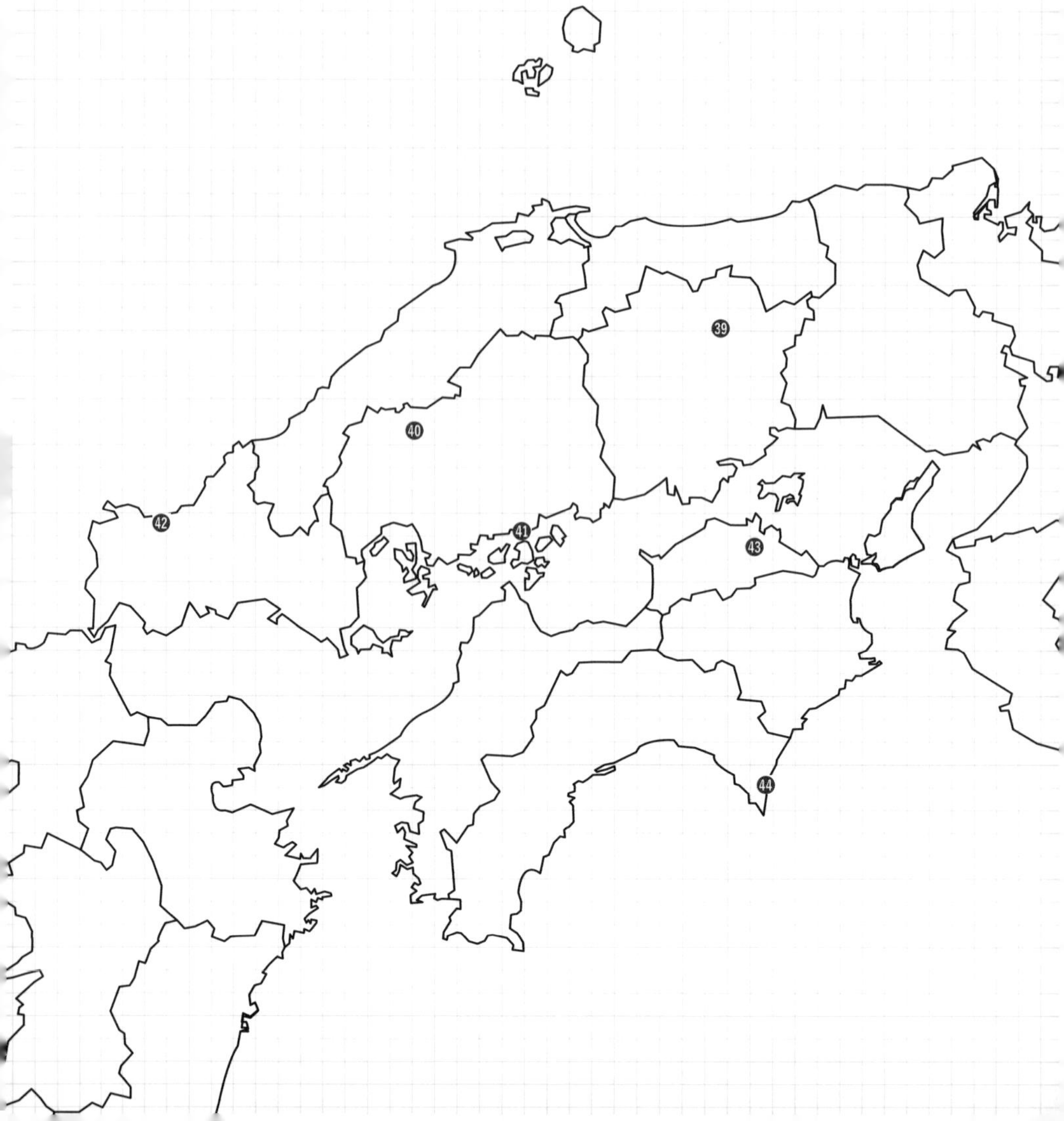

世界中の絶滅危惧種が集結する博物館には、
初代館長の〝アレ〟が展示されていた！

岡山県 39

つやま自然のふしぎ館

動物園や水族館では多くの生き物に会うことができるが、岡山県の津山市には、なんと世界中の動物の剥製と出会える場所があるというから驚きだ！

岡山市から北上した内陸部に位置する津山市。津山城の城下町であることや、日本の音楽シーンを駆け抜け続けるB’zのボーカル・稲葉浩志の出身地としても知られている。そんな津山の市街地に佇んでいるのが「つやま自然のふしぎ館」だ。

高校の校舎を活用したという館内に入ると、そこには外観からは想像だにしない光景が広がっている。トラやライオン、ホッキョクグマ、ゴリラ、アザラシなど、世界中に生息するあらゆる動物の剥製が展示されており、今にも動き出しそうなほど迫力を感じる。子どもたちだけでなく、大人までもが驚きの声を連発するほどの凄さで、よくぞ、これだけの剥製が集まったものだ！

動物の剥製だけでなく、昆虫や貝類の展示も豊富。さらには、たくさんの人体模型、そして極めつけは初代館長の肝臓、肺、脳までが展示されているのだ。とにかく、展示の数が凄いだけでなく、その内容も実に奇天烈！

では、一体なぜ津山にこのような博物館があるのだろうか？

この博物館が開館したきっかけは、初代館長である森本慶三が、帝国大学農科大学（現：東京大学農学部）で無教会派

初代館長の森本慶三。“人体の神秘”がテーマの第2室には、彼の主要な臓器がホルマリン漬けの状態で展示されている。

陸上最大の肉食動物であるホッキョクグマやゾウアザラシは、直立した珍しい姿で展示。天井ギリギリなほどの大きさにはただただ圧巻。

のクリスチャンである内村鑑三と出会ったことだった。内村との交流から、慶三は熱心なクリスチャンとなり、帰郷後に家業の商売をたたむ。「キリスト教を広めると同時に、図書館を作りなさい」という内村の助言から「津山キリスト教図書館」を開館。さらには、町に高校が足りないことから高校も開校した。

神が創造した自然界のことを多くの人に知ってほしいと思っていた慶三は、同時に世界各地の剥製、化石、チョウ、昆虫、人体標本などを収集。高校が閉校したあと、昭和38年にそれらのコレクションを展示する自然科学の総合博物館を開館した。

また、博物館に自らの臓器を展示しているのは、「人体は神が作った最高の造形物であり、良く学ぶ必要がある」との考えから。法律的にも問題ないとのことで、岡山大学医学部の協力もあり、現在

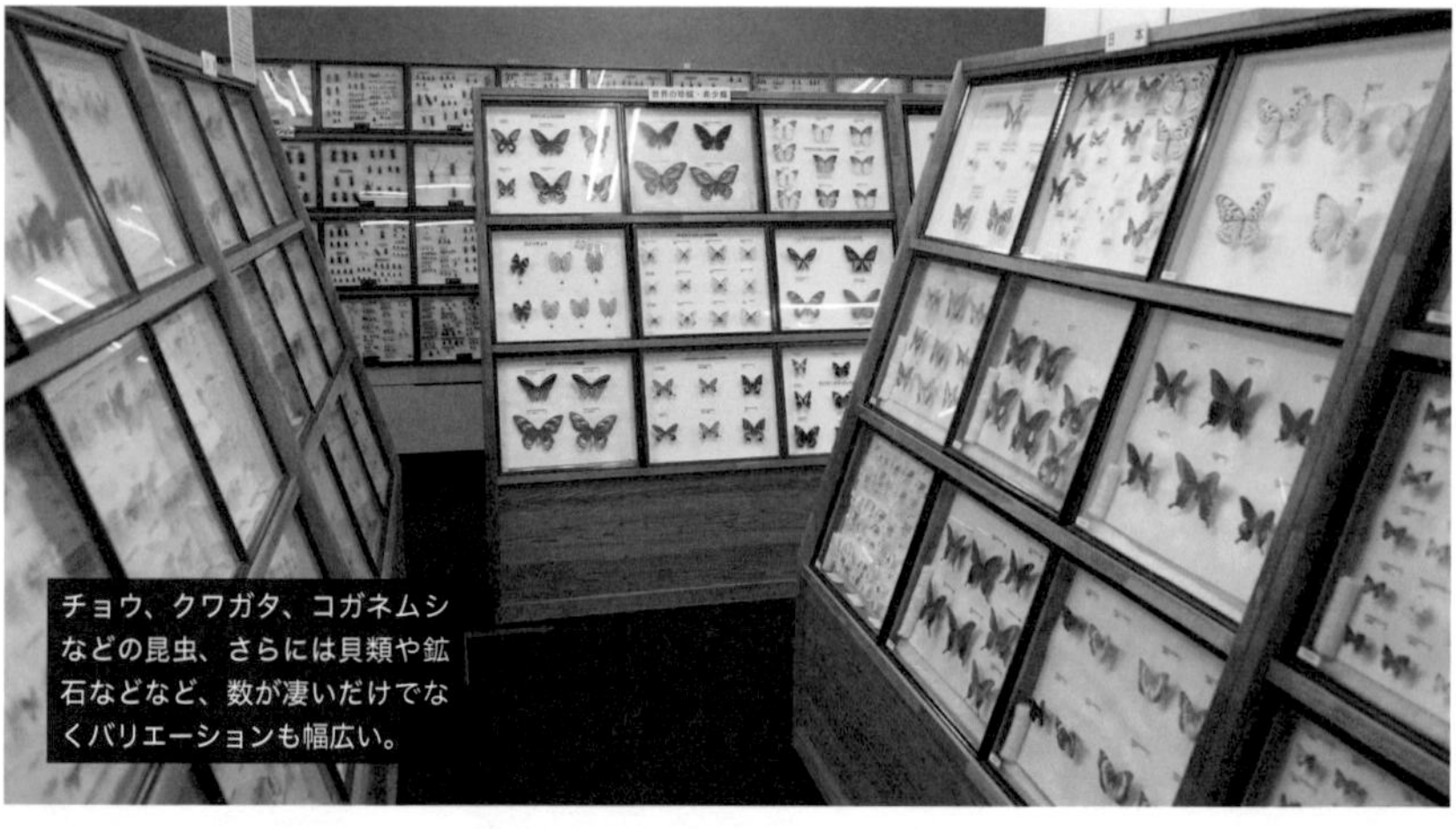
チョウ、クワガタ、コガネムシなどの昆虫、さらには貝類や鉱石などなど、数が凄いだけでなくバリエーションも幅広い。

動物の剥製は、まるで生きているかのような動きを感じるものも多く、動物園よりも間近で見られるだけにサイズ感がよりリアルに伝わる。

でも本人の脳、肺、心臓、肝臓、腎臓がホルマリン漬けの状態で展示されているのだ。

そんな館内は入り口からは想像もできないほど広く、迷路のような複雑な造りになっている。迫力のある動物の剥製に合わせ、津山出身の画家たちが描いた壁絵によって動物たちが生息している環境が再現されており、リアル感は抜群だ。通常の昼間の開館だけでなく、期間限定でナイトミュージアムも行っており、暗い館内を持参した懐中電灯の明かりを頼りに進んでいく楽しさも味わえる。暗闇に浮かび上がる野生動物の姿も、これまた迫力満点だ。

日本がワシントン条約に加盟していなかった時代だからこそ集められた展示なだけに、よそでは体験できない感動と驚きを味わえる博物館だ。

つやま自然のふしぎ館

[住] 岡山県津山市山下98-1
[電] 0868-22-3518
[時] 09:00～17:00（入館は16:30まで）
[休] 3月、5月、7月、9月、11月/毎週月曜日
6月、12月～2月/毎週月・火曜日
※そのほかの月および祝日は開館
年末年始（12月29日～1月2日）
[料] 大人800円／小人600円／幼児400円

展示室は全部で15室もあり、60年近い歴史を誇る館内は、実にレトロチックな雰囲気。

広島県
40

ふりかけ資料館 楠苑

日本中のヒット商品が大集結! 懐かしさと楽しさ溢れる、ふりかけの世界へ!

給食や家庭でお馴染みのふりかけが整然と並ぶ光景は、ここならでは。昔食べた懐かしい商品から今もスーパーで見られる商品まで、バリエーションは実に豊富だ。

ご飯のお供として昔から親しまれているふりかけ。鮭、しそ、のり、わさびなど味のバリエーションが豊富であり、ご飯にかける以外にも、パスタ、うどんにかけるなど、用途は広がりを見せている。そして、日本にはそんなふりかけをテーマにした資料館まであるのだ。

広島市から車で一時間ほど北上した盆地に位置する、「ふりかけ資料館 楠苑」。表に目立った看板がなく、資料館には見えない建物の内部に入れば、日本人なら一度は食べたであろうさまざまなふりかけが目の前に現れる。今も販売されてるものから懐かしいパッケージまでが整然と並べられており、学校の給食の思い出や、家族みんなで囲った食卓などが思い浮かぶ人も多いはずだ。

こぢんまりとした資料館であり、訪問するとスタッフが親切丁寧に解説してくれるのが嬉しい。一階には、全国ふりかけ協会に加盟している企業15社が提供している商品を展示しており、二階では、三島食品が創業から現代までに歩んできた歴史に触れることができる。

このふりかけ資料館を運営するのは、日本を代表するふりかけのヒット商品「ゆかり®」を生み出した三島食品。昭和24年、戦後間もない時代に三島商店として創業し、当初は唐辛子、昆布、魚粉などの品物を仕入れて転売するブローカー的な商売を行っていたが、その二年後に「遠足の友」を販売したことが、ふりかけ製造の始まりとなった。

資料館は、平成3年に創業40年の記念事業として創業者・三島哲男の生家跡地に開館。楠《くすのき》のように枯れることなく、そして嵐に倒れることなく成長し、やがては大樹になるようにとの想いを込めて「楠苑」と命名された。

館内の展示物の中でも一番見ておきたいのが、三島食品の大ヒット商品である「ゆかり®」だ。今や全国のスーパーなどで購入できる「ゆかり®」は、営業マンが1年がかりで社長を口説き、さらに1年かけて商品化。しかし、当初の売れ行きは良くなかったそうだ。ところが、学校給食に使われたことで、子どもたちから大人へと広まり、徐々に一般市場で人気になっていった。販売から半世紀以上が経った現在でも、不動の人気を誇っている。

展示物は、そうした「ゆかり®」以外にも、ふりかけの元祖といわれる「御飯の友」全国で見られる永谷園の「お茶漬け海苔」「おとなのふりかけ」、さらにはローカルに根付いた商品まで、多岐に渡る。

二階には、レトロチックな木製の看板など三島食品にまつわる展示が豊富。

さまざまな商品を見るだけでもワクワクするが、ふりかけの起源や製造工程などの背景を知るのも実に楽しい。大正時代の初期、日本人のカルシウム不足を補うために熊本の薬剤師・吉丸末吉が考案したといわれているふりかけ。当初は「旅行の友」「遠足の友」「是はうまい」などの名称が地域ごとに用いられていたが、昭和34年に全国ふりかけ協会が設立されたことから〝ふりかけ〟と定義づけられたそうだ。

少子化の一途を辿り、米の消費量が減りつつある現代においても、さまざまな料理のトッピングや、塩、コショウのように調味料として使われるなど、用途は広がりをみせている。

こうした日常で当たり前のように使われている物の意外な歴史を、スタッフの解説や展示物を通して知ることができるのは、博物館の大きな醍醐味だろう。

ふりかけ資料館 楠苑
[住] 広島県山県郡北広島町有田3436
[電] 0826-72-6788
[時] 09:00 ～ 16:00
[休] 日曜日・月曜日／年末年始
[料] 無料

広島県

41

700羽ものウサギが暮らす楽園は、なぜ地図から消されたのか

大久野島毒ガス資料館

日本で最も大きな内海であり、多くの島が浮かぶ瀬戸内海。現代アートの祭典が行われる豊島、ハワイとの交流が深い周防大島などのユニークな島が見られる中、特に異彩を放っているのが〝ウサギ島〟ともいわれる大久野島だ。バーベキューや海水浴のみならず、島に暮らす700羽ほどのウサギを目当てに多くの観光客が訪れるこの島には、〝毒ガス〟という刺激的なテーマを扱う資料館がある。

本州側の忠海港からはフェリーで15分で行くことができ、船着き場から数分でその資料館は姿を現す。小さな展示室がひとつというこぢんまりとした施設ではあるものの、ガスマスクや防護服など一つ一つの展示物が実に強烈。展示を通して、昭和の初めから現代に至るまでの毒ガス問題の背景に触れることができるのだ。

日清・日露戦争の際には、瀬戸内海を守る重要な要塞として砲台が設置された過去もある大久野島。さまざまな毒ガス兵器を製造する陸軍の本格的な毒ガス工場が設置されたのは、昭和4年のこと。島には毒ガス製造に関する施設が建ち並び、工場が閉鎖するまでの16年間で

ウサギが見られるのどかな島であるものの、資料館で展示されているテーマは強烈。毒ガスだけでなく、戦時中は風船爆弾の気球をも作っていたなど、内容はさまざま。

こぢんまりとした展示室ではあるものの、当時の資料や写真が豊富。ここならではのテーマということもあり、一つ一つの展示や解説が珍しいものばかりで引き込まれる。

6500人ほどの従業員が働いていた。

防護服ではガスを防ぎきることができず、工員の多くが健康を損ね、犠牲者も出るほど作業は危険なものだった。

終戦後には米軍の指揮の下、海洋投棄などにより毒ガスが処理され、障害を負った人への救済も行われる中、昭和63年、毒ガス製造の悲惨さを伝え、恒久平和を願う目的で毒ガス資料館が開館した。展示室の年表からは、明治の初めまでは田畑や住宅が点在するのどかな島が、戦争による悲しい物語を経て、現在の平穏があることがわかる。

そして、大変危険なテーマを扱うだけに、毒ガス兵器や防護服など、展示の解説を読むだけでもその恐ろしさが伝わってくる。

当時、危険な兵器を取り扱っていたこの島は、地図から丸ごと消され、周辺住

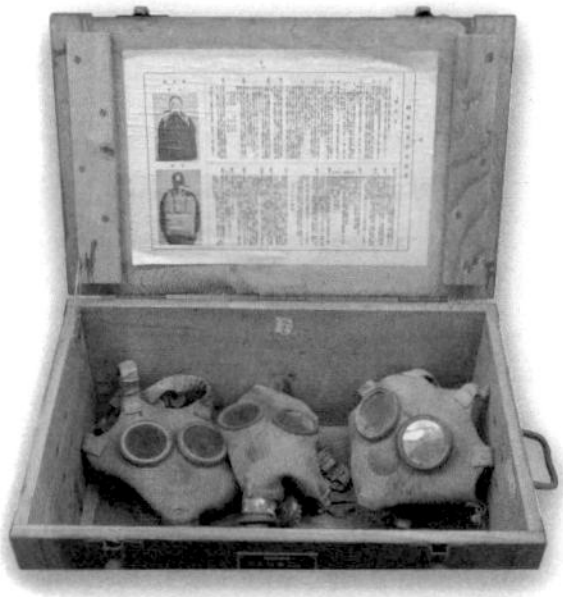

大久野島で使われていた防毒マスクや防護服が多数、残されている。隙間からガスが入り込み、工員の多くは健康を損ね、犠牲者も出た。

大久野島で製造された殺虫殺鼠剤であるサイローム。

防毒マスクが必要であることを示す表示板。看板が赤色なだけに、危険さがよりリアルに伝わる。

大久野島の北部に位置する長浦毒ガス貯蔵庫跡。島内には、こうした毒ガス工場が稼働していた当時の遺構が点在している。

民に詳しい内容が知らされていなかったなど、工場の存在を表沙汰にしたくなかった話も大変興味深い。毒ガスの被害者を写した写真は実に生々しく、改めて、いかに戦争が悲惨で残酷なものかを思い知らされる。

　このような世に知られることのない、戦争の悲しい物語がこの島にはたくさん眠っているのだ。

　そうした暗い歴史がある島ではあるものの、今では多くの観光客が訪れ、ウサギたちと戯れる、ほのぼのとした光景が広がる。近づけば餌を求めて駆け寄ってくるし、膝にだって乗ってくる可愛いさがある反面、餌が無いとわかれば一気に素っ気なくなるところが、妙に面白い。

　この資料館のみならず、毒ガスで被害を受けた人々を弔う慰霊碑、発電所跡の巨大な廃墟、島の北部には毒ガス貯蔵庫が残されているなど、島内には毒ガス工場にまつわる名残りが多々見られる。一時間ほどで島を一周できるため、訪問時はぜひこれらの史跡も巡ってみてほしい。

　可愛いウサギたちがいるだけでなく、見所も多いだけに、訪問時は帰りのフェリーの時間をお忘れなく。

大久野島毒ガス資料館

[住] 広島県竹原市忠海町5491
[電] 0846-26-3036
[時] 09:00 ～ 16:30（入館は16:00まで）
[休] 12月29日～1月3日（そのほか臨時休館あり）
[料] 19歳以上150円／19歳未満 無料

世界文學全集
豫約出版 全部卅八册
上製五百頁 一册壹圓
内容見本申込次第進呈
今直ぐお申込み下さい

1階では、書店だった当時の雰囲気を見事に再現。部屋の隅に佇む幼い頃のみすゞの写真が、いっそう昔を偲ばせる。

山口県

42

金子みすゞ記念館

心に響く詩の数々。館長の執念で甦った、幻の童謡詩人に想いを馳せる

世間に広く知られている有名人や歴史上の人物が、昔からずっと有名だったかというと、そうとも限らない。世の中は何が起こるかわからないもので、何かのきっかけで無名だった人物が脚光を浴びることがあるのだ。

古くから捕鯨がさかんだったことで知られる山口県長門市には、〝幻の童謡詩人〟といわれていた金子みすゞの記念館がある。かつては多くの人で賑わい、当時のメインストリートだった新町通り（みすゞ通り）沿いにその記念館は位置しており、記念館の開館に合わせて復元された彼女の実家である書店（金子文英堂）には、みすゞが3歳から20歳までを過ごした明治から大正の頃の雰囲気が見事に再現されている。

みすゞが幼い頃の写真や館内のところどころに見られる詩を通し、彼女が過ごした昔懐かしい、そしてほのぼのとした空間に想いを馳せることができる。詩を書き始めたのは20歳で下関に移り住んで

提供：金子みすゞ著作保存会

本館にあるみすゞの絵をよく見てみると、全てが顔写真によって描かれていることに驚かされる。
こちらは、「世界最大の写真によるモザイク画」としてギネスに認定された。

からだが、みすゞが残した作品からは、仙崎の風景、さらには斜め向かいの郵便局など故郷を感じとれる。

明治36年に山口県に生まれた金子みすゞ（本名：金子テル）。幼い頃に父を亡くし、母が始めた一軒の本屋・金子文英堂で育った彼女。働き者の母と祖母のおかげで、いつもあたたかく明るい家庭で過ごしたそうだ。20歳の頃から詩を書きはじめ、「若き童謡詩人の中の巨星」と賞賛されるほどの活躍を見せていた。その後、23歳で結婚。娘を授かったものの、夫からは詩を書くことや投稿仲間との文通を禁じられるなど、価値観が合わずに離婚。元夫と最愛の娘の親権を争う中、わずか26歳で自死によりこの世を去った。

彼女の死後、半世紀ほど世の中から忘れ去られてはいたものの、童謡詩人である現館長・矢崎節夫さんによって彼女の作品は甦ることとなる。館長が大学一年生の時のこと。みすゞの作品の一つである〝大漁〟を読んだ際に、詩の素晴らしさに感激。しかし、彼女の生涯はまったく知られていなかったため、金子みすゞとはどのような人物だったのか、そしてほかにどのような作品を残していたのかは謎に包まれていた。

それから16年もの年月をかけて探し続け、彼女の５００を超える詩が記された三冊の手帳に辿りつく。そこから彼女の人生も明らかになり、生誕１００年となる平成15年に「金子みすゞ記念館」のオープンへと至った。館長の行動が無ければ、今のように記念館はできなかっただろう。

金子文英堂の奥に建つ本館には、みすゞの生涯を説明したパネルや遺品が展示されているほか、作品集を購入できるミュージアムショップも充実している。

本館の常設展示室には、彼女の生涯や遺品となる手帳の複製などを展示。謎に包まれていた彼女の生涯が、この一室に凝縮されている。

二階の一室では、みすゞの部屋を再現している。彼女は窓側にあるこの小さな机で読書や勉強をしていたのだろう。

展示物の中でも、彼女の作品が記録された手帳の復元は必見。手書きの文字が実に可愛らしく、それが優しい詩にも合っていて、彼女の人柄を感じ取ることができるだろう。

みすゞの詩は、国内のみならず外国の教科書にも掲載されており、子どもたちから大人へと彼女の存在は語り継がれている。近年では、ACジャパンのCMに作品が取り上げられたことも大きい。記念館のみならず、市内においてもみすゞを描いたアート作品や詩が刻まれた石碑は多く、こうしたスポットを巡るのもオススメだ。

512編もの素晴らしい詩を世に残し、短い生涯を駆け抜けた金子みすゞ。彼女の童謡が発表されてから100年経った今もなお、多くの人々の心を揺さぶり続けている。

金子みすゞ記念館
[住] 山口県長門市仙崎1308
[電] 0837-26-5155
[時] 09:00～17:00（入館は16:30まで）
[休] 年中無休（臨時休館あり）
[料] 一般500円／小中高生200円

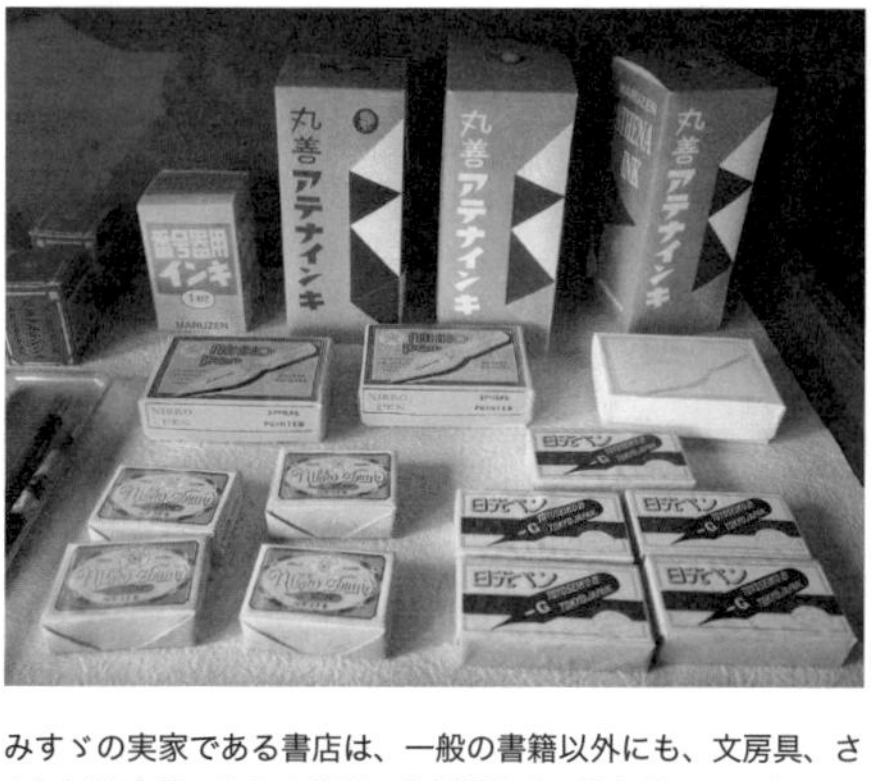

みすゞの実家である書店は、一般の書籍以外にも、文房具、さらには記念館のある大津郡の教科書を全て取り扱っていた。

香川県

43

結願間近のお接待！　ここにしかない温かな交流を通して、
お遍路文化の発信拠点に！

へんろ資料館（通称：おへんろ交流サロン）

たくさんの島々が浮かぶ瀬戸内海や四万十の清流など、多くの豊かな自然が見られる四国。高知県には坂本龍馬、徳島県には阿波踊りなど、その土地にまつわるテーマを扱う博物館も見られる中、うどん県として知られている香川県には、お遍路文化を発信する「おへんろ交流サロン」といわれる資料館が存在する。

弘法大師が開いた霊場八十八カ所を巡る四国遍路。現在も全国、さらには国外からも多くの人が巡礼へと訪れる。徳島県にある一番札所・霊山寺から、四国を時計回りに１２００ｋｍも歩き続け、最後の88番札所・大窪寺で結願となる巡礼の旅。おへんろ交流サロンは、88番札所から数km手前の場所に位置している。

道の駅の向かいにある資料館には、お遍路にまつわる資料の展示室、四国霊場のジオラマ、さらにはお遍路さんが休憩するためのコーナーも設けられている。そう、ここはお遍路の資料を展示しているだけでなく、〝交流サロン〟と呼ばれているように、フレンドリーなス

1
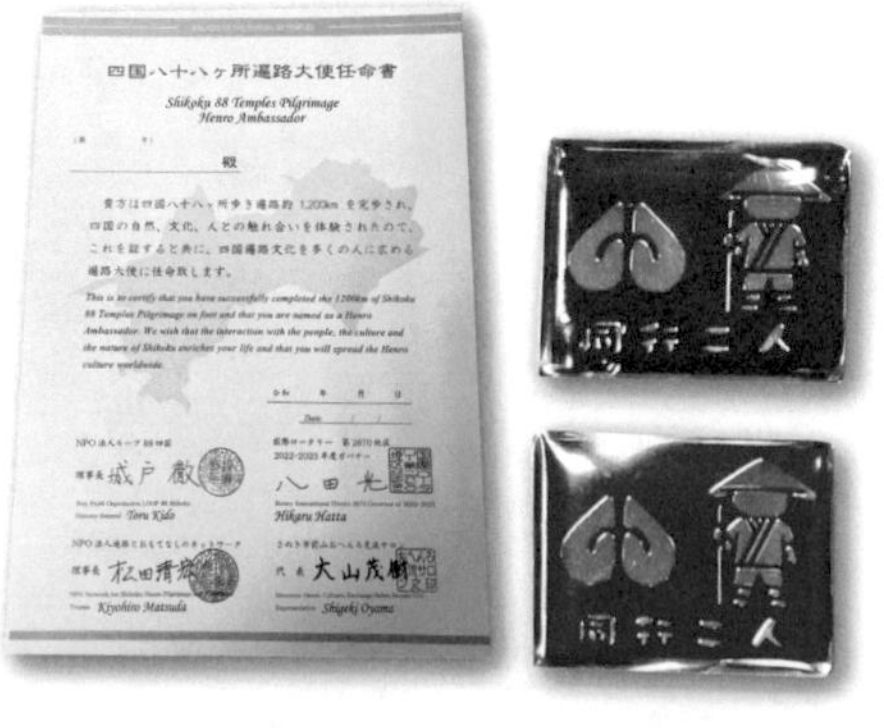

2

3

4

5

1.歩きと自転車でお遍路した人がもれなくもらえる遍路大使任命書とピンバッチ(歩き遍路:赤色/自転車遍路:緑色)。／**2**.施設の手前に見られる道標。四国の道中では、こうした道標を度々見かける。／**3**.生涯で308回もお遍路を回り、重ね印がひたすら押された納経帳は朱肉で真っ赤。／**4**.中務茂兵衛の納経帳。22歳で故郷を捨てて遍路に身を投じ、78歳までの間に280回もお遍路を回った。こちらの納経帳も、やはり真っ赤に。／**5**.取材時に資料館へ任命書を受け取りにやってきたお遍路さん。明日の結願に向け、この日はテント泊とのこと。

タッフや、立ち寄ったお遍路さんとの交流もできるのだ。私が取材に訪れた際にも、三名のお遍路さんが訪れていた。そのうちの二名は外国の方。歩き遍路であれば1カ月半も歩き続けることになるので、彼らはその旅の思い出話をたくさん語ってくれた。

そうしたお遍路さんとの予期せぬ出会いや交流体験ができるのも、この場所ならでは。それゆえ、館長の片桐さんには「ここを四国遍路文化の発信拠点にしたい」という想いがある。

もちろん、豊富で貴重な展示資料も見逃せない。江戸中期からの納札や納経帳、手形、さらにはお遍路さんが身に付けていた白衣、金剛杖も見られる。それ以外にも、280回もお遍路を巡った中務茂兵衛の展示、さらには308回もお遍路を巡った人もいて、その真っ赤な納経帳にはとても驚かされる。

ロビーの真ん中に置かれた、四国をリアルに再現した88カ所の札所の位置がわかる立体地図。道中は山々の起伏も激しく、これを見るだけでもお遍路巡りの大変さが伝わってくる。

資料室の入り口にはお遍路さんに関するデータもあり、こちらも興味深い。正確な数字は不明ではあるものの、お遍路さんは年間10～15万ともいわれている。首都圏、関西圏、愛知、岡山から訪れる人が多く、外国からはフランス人が最も多いそうだ。巡礼する理由も気になるところだが、資料館では伺っていないものの、亡くなった親族の供養のため、または仕事をリタイアした老後の時間を活用するためなどさまざまとのこと。

来館者は、遍路の歴史が知りたい見学者、向かいにある道の駅へやって来た観光客、さらには結願前にやってくるお遍路さんが多い。というのも、交流サロンでは、歩き、または自転車で回っている人には、四国八十八ヶ所遍路大使任命書とバッチを渡しているのだ。休憩コーナーには、地域の人がお遍路さんに渡してほしいと置いていったティッシュカバー、さらにはお茶やお菓子もある。そう、四国には、そうしたお遍路さんをあたたかくもてなす、思いやりや心遣いの文化が残っているのだ。

四国には、お遍路の展示がある博物館はほかにもあるが、お遍路に特化し、さらには交流体験ができるのはここだけ。スタッフやお遍路巡りをしている人との交流は、きっと旅の良き思い出として残るはずだ。

へんろ資料館（通称：おへんろ交流サロン）

[住] 香川県さぬき市前山936番地3
[電] 0879-52-0208
[時] 08:00～16:00
[休] 年末年始（12月30日～1月1日）
[料] 無料

高知県

44

アイデアと手作り感が満載！

廃校と水族館が絶妙に融合した、唯一無二の水族館

むろと廃校水族館

全国の水族館には、大きな水槽で泳ぐ魚たち、イルカショーなどが見れるほか、クラゲや深海魚に特化しているなどさまざまな施設がある。そんな中、高知県の室戸市には、世にある水族館とは一風変わった「むろと廃校水族館」がある。

建物は、鮮やかなブルーカラーを呈した、水族館にぴったりな色合いで、館内は、普通った小学校そのまま。そう、ここは校舎の建物を活用してるだけでなく、中も小学校そのままの状態をうまく生かしているのだ。階段や教室、さらには理科室などを見れば、小学校の思い出が蘇るはず。そうした校舎に水槽が置かれ、ウミガメや魚が泳ぐ光景があまりにも斬新なだけに、子どもたちのみならず、大人までもが「凄いね！」「本当に懐かしいね！」と声を上げるほどだ。

むろと廃校水族館がある椎名集落は、明治時代から続く大敷網漁が盛んな漁師町。水族館の建物は、明治7年に開校した椎名小学校の校舎だ。平成18年に閉校したものの、NPO法人の日本ウミガメ協議会が、ウミガメの研究活動をするかたわら、学校の建物をうまく活用する形で水族館を運営している。

日本のみならず世界中から珍しい生き物を集める水族館が多い中、むろと廃校水族館で見られる生き物たちは、ほとんどが近郊の漁師さんから頂いたもの。

町中で度々見かけるAEDの収納ボックスが水槽になった意外な姿に、新鮮さを感じる。

日本ウミガメ協議会が運営していることもあり、水族館ではたくさんのウミガメが優雅に泳ぐ。

「うちは目玉がないのが、目玉なんですよ！」と館長の若月さんがおっしゃるように、珍しい生き物はいないものの、地元の生き物たちを、スタッフの斬新なアイデアを生かして展示している点が、実にユニークで面白い。

跳び箱、ＡＥＤの収納ボックス、手洗い場、さらにはプールまでもが水槽となっており、ウミガメやエイ、ボラなどが優雅に泳ぐ。

校舎は三階建て。一階で受付を終えて二階に上がれば、机と黒板がある教室が広がり、その奥にはたくさんの水槽がある。水槽を上から覗くこともできるからか、ウミガメの息遣いも聞こえてくるなど、生き物との距離がより近く感じるのも斬新だ。そうした生き物を鑑賞するだけでなく、激しく近づいて来るボラたちへの餌やり、オリジナルのおみくじ、さらには視力検査までできるなど、お客さんに楽しんでほしいと

水族館の入り口脇には、椎名小学校の名が書かれた石碑がある。と思ったら、まさかの石碑そっくりに装飾された自動販売機だった。これもお金をかけないためのアイデア。

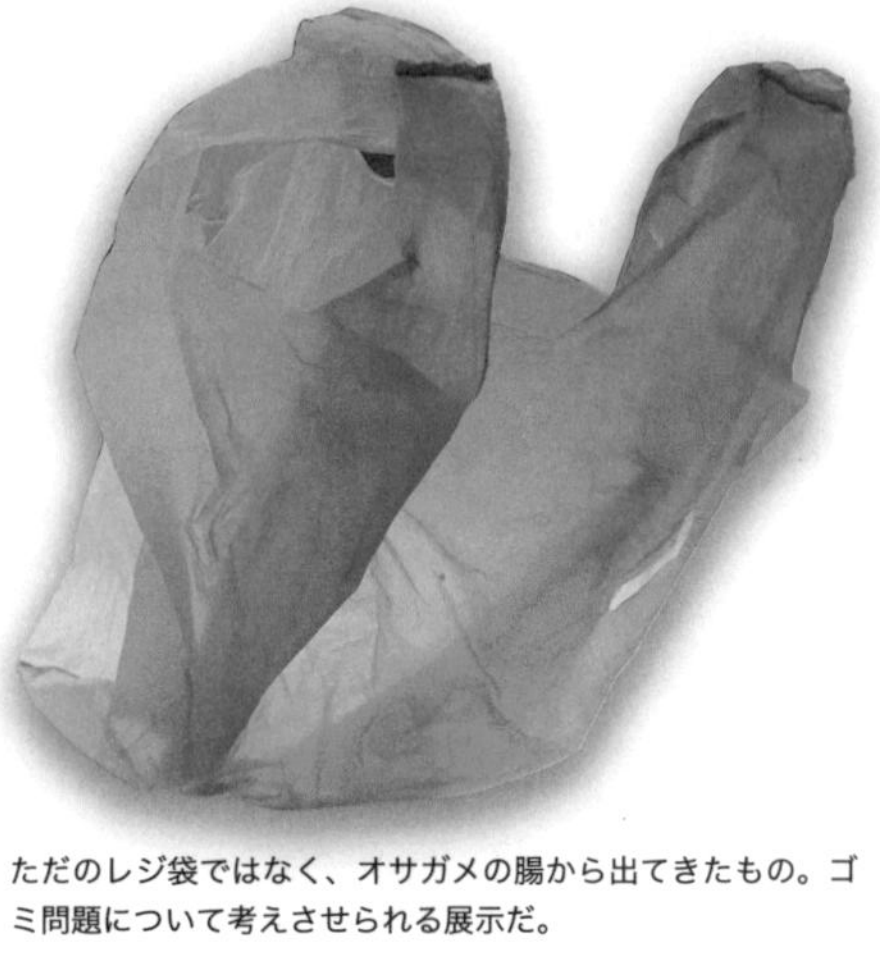

ただのレジ袋ではなく、オサガメの腸から出てきたもの。ゴミ問題について考えさせられる展示だ。

こちらのグッズである文具としてお馴染みの下敷きは、なんとまな板仕様に。

ミュージアムグッズは、オリジナリティ溢れるものばかり。図鑑をイメージしたデザインのチョコレートサブレパイは、箱を組み立てると水族館が出来上がるのだ。

いう想いが伝わるアクティビティがたくさんあるのだ。

お金をかけた施設とは異なり、突然、人体模型が現れたり、カーテン代わりに社会で使う地図が使われているなどの手作り感が満載。子連れの人が多いことから、三階にはキッズルームが設けられているなど、利用者への配慮も見られる。また、スタッフが親身に対応してくれるアットホームな雰囲気にも惹かれる。

よそでは見られない、まさに一風変わった水族館。それだけに、公共交通機関はおろか、自家用車で行くのも結構大変な場所にありながら、お客さんが次々と訪れるのも納得だ。子どもたちはもちろん、大人たちも童心に返って楽しむことができる唯一無二の施設は、年中無休で多くの観光客を出迎えてくれる。

むろと廃校水族館

[住] 高知県室戸市室戸岬町533-2
[電] 0887-22-0815（OH！廃校！）
[時] 4月～9月：09:00～18:00
10月～3月：09:00～17:00
[休] 年中無休
[料] 大人（高校生以上）600円
小人（小・中学生）300円

開館時間も、廃校を活用した施設ならではの表現に。

九州・沖縄

長崎県	㊺	旧佐世保無線電信所（針尾送信所）施設
	㊻	日本二十六聖人記念館
熊本県	㊼	水俣病歴史考証館
大分県	㊽	佐伯市水の子島海事資料館・渡り鳥館
鹿児島県	㊾	万世特攻平和祈念館
沖縄県	㊿	旧海軍司令部壕

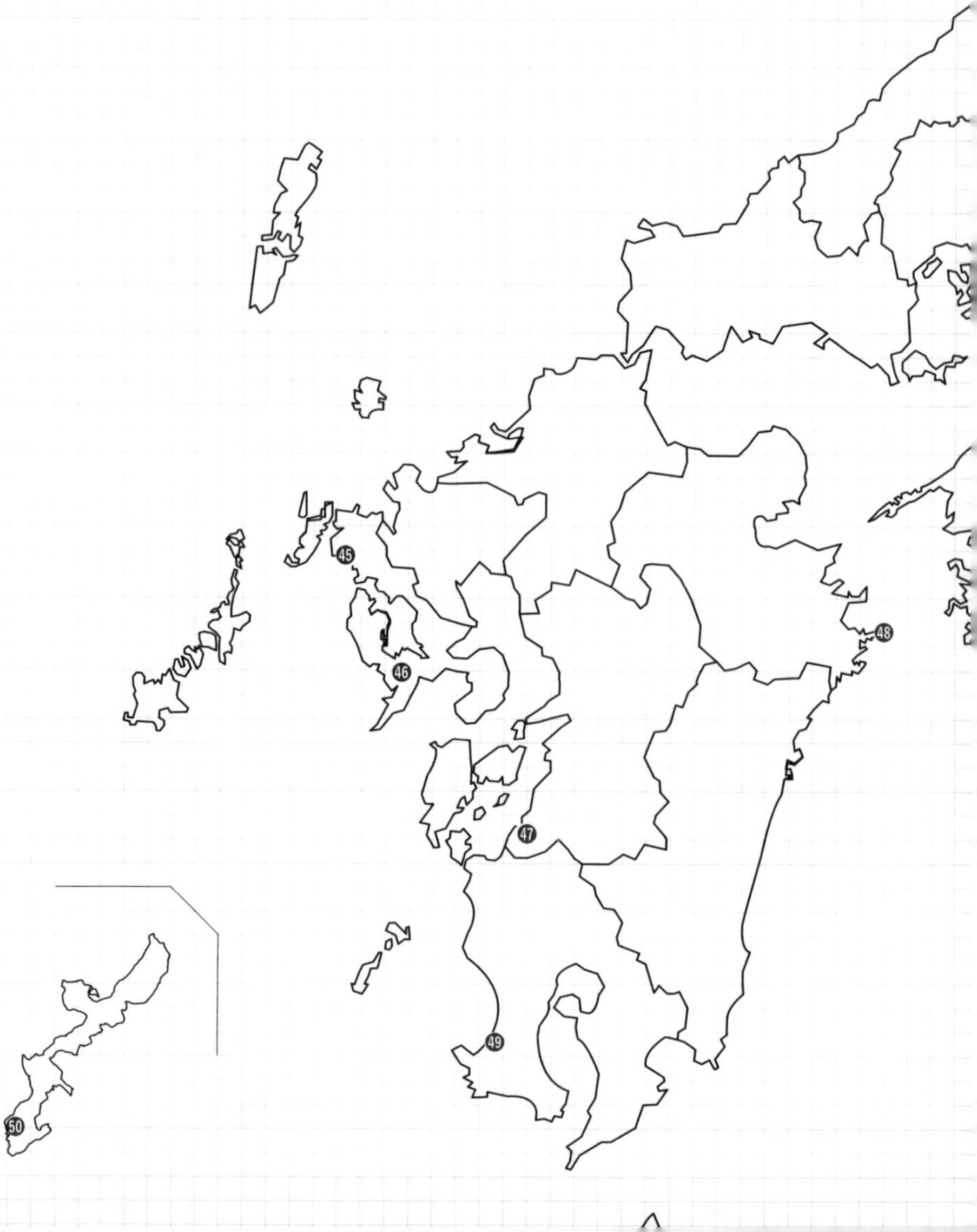

長崎県

45

あれは何だ!?　長崎の高台にそびえ立つ三本の巨大な塔は、なぜ建てられたのか？

旧佐世保無線電信所（針尾送信所）施設

九州を代表する観光スポットであるハウステンボス、さらには佐世保バーガーなどの名物で知られる長崎県の佐世保市。そんな市内の南部にある針尾島を車で走れば、遠くになにやら巨大な三本の塔のような建物が見えてくる。何の飾り気もないコンクリート製の塔なだけに、その光景は実に異様に感じる。三本の塔は旧日本海軍が使用していた無線塔の建物。麓にある無線電信所の遺構は、今では無料で一般公開されており、貴重な戦争遺構の歴史に触れることができるのだ。

　三本の無線塔と電信室が残るその遺構は佐世保市（教育委員会）によって管理されており、内部を見学できるだけでなく、希望すれば針尾無線塔保存会によるガイドを受けることも可能だ。

　この施設は、日露戦争で無線の重要性を認識した旧日本海軍によって、大正11年に建設。佐世保の軍港に近いこと、そして九州で一番地盤が固かったことからこの場所が選ばれた。

　三本の無線塔は、唐津から運ばれた砂利を混ぜて作られた鉄筋コンクリート製であり、三塔とも高さは１３６ｍ、そして３００ｍの間隔で正三角形を成す形で建てられている。なぜ三本の塔がこのような形で建てられたかというと、中国大陸、東京、台湾の三方向に電波を送る必要があったためだ。強い電波を三方向に飛ばすためには高さが必要だったことから塔が建てられ、送信するための電信室が三塔の中心に建てられている。

　終戦後はＧＨＱに接収され、浦頭から引き揚げた人の復員業務と海軍の財務処理をしており、その後は海上保安庁と海上自衛隊による共同の施設として利用されている。

　しかし、大正時代によくこれだけの建物を建てたと驚かされる。塔は幅14㎝、高さ１３６㎝の板を１００段積み上げており、真下から見ればその巨大さに圧倒される。今後１００年はもつといわれるほど強度は抜群。内部は鉄骨が組まれているものの空洞になっており、見上げると

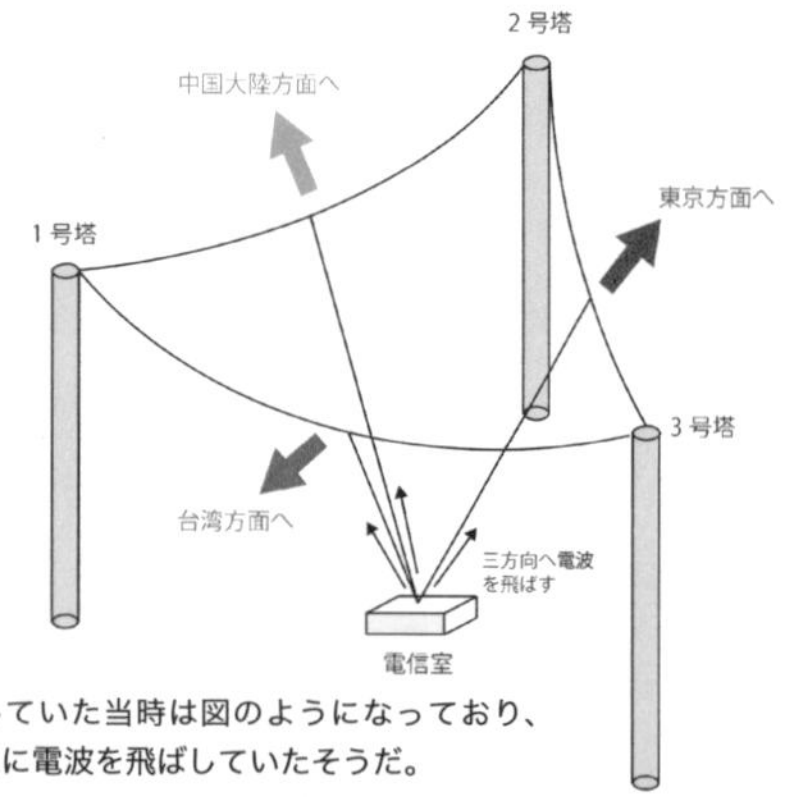

稼働していた当時は図のようになっており、
三方向に電波を飛ばしていたそうだ。

上部は暗く、風が吹く音が響き渡る。現実とはかけ離れた空間なだけに、ちょっとした恐怖心を覚える。

内部に取り付けられた５９６段の梯子は、塔の天井まで一直線でつながっており、戦後は近くの子どもたちがこの梯子を上って遊んでいたそうだ。命綱もない状態で、よくこの梯子を上ったものだとビックリさせられる。

一方、電信室の建物は、整流器室、機械室、倉庫などいくつもの部屋に分かれており、発電機などの機材、さらには変圧器や宿直室などの名残りが窺える。ここで多くの人が働いていたことを考えると、静かな廃墟となった現在の雰囲気には侘しさを感じずにはいられない。

建物は取り壊しの話もあったものの、国の重要文化財に指定されたことなど

を機に、平成25年の6月から一般公開されるようになった。全国からお客さんがやって来るだけでなく、地元の小学生やバスツアーの乗客らも訪れる。さらに近年では、NHK土曜ドラマ『17才の帝国』のロケ地にもなった。

今から100年以上前に建てられ、技術力の高さと戦争の歴史を体感できる、大変貴重な戦争遺構だ。

旧佐世保無線電信所（針尾送信所）施設

[住] 長崎県佐世保市針尾中町
[電] 0956-58-2718
[時] 09:00～12:00／13:00～16:00
[休] 年末年始
[料] 無料

長崎県

46

殉教の地で学ぶ、信仰を命がけで守り抜いた生き様！

日本二十六聖人記念館

　街中で教会を目にすることも多く、今や日本人にとってもごく身近な存在となったキリスト教。2018年に、長崎と天草地方における潜伏キリシタン関連遺産が世界文化遺産になったことで、よりその文化や歴史に関心をもつ人も増えたのではないだろうか。こうしたキリスト教にまつわる施設の中でも、長崎市にある「日本二十六聖人記念館」は、大変貴重な資料を取り揃え、日本に伝わったキリスト教の歴史を網羅している場所だ。

　長崎市内の小高い丘に位置するその記念館。坂を上った先にある西坂公園に辿り着けば、舟越保武《ふなこしやすたけ》制作の二十六聖人が横一列に並ぶ見応えあるレリーフ、そして、キリスト教の精神が取り込まれた奇抜な外観が現れる。建物は、ガウディを日本に紹介した建築家・今井兼次の設計だ。

　館内は薄暗く、どこか神聖な雰囲気に包まれており、二十六聖人の一人であるパウロ三木が十字架にかけられた姿はとても印象的な光景だ。初代館長であるパチェコ神父が世界中から収集した資料が展示されており、日本のキリスト教伝来、殉教した二十六聖人、さらには隠れキリシタンなどキリスト教にまつわる幅広い歴史に触れることができる。あのフランシスコ・ザビエルが書き記した本物の書簡、そして、キリスト教迫害の中、命がけで守り抜いた聖画やマリア観音など、よそでは

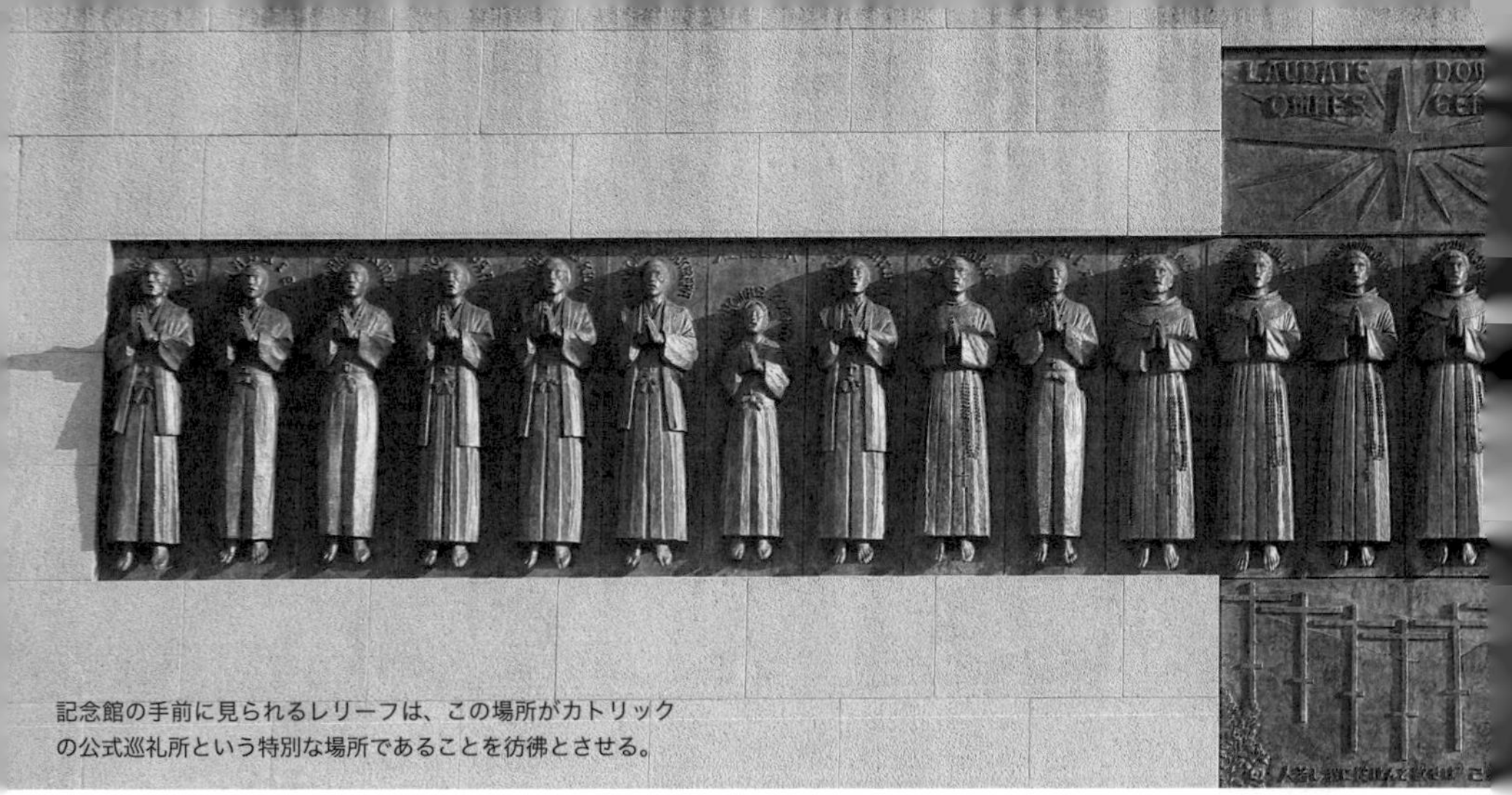

記念館の手前に見られるレリーフは、この場所がカトリックの公式巡礼所という特別な場所であることを彷彿とさせる。

記念館の隣に建つ聖フィリッポ教会も一般公開されている。記念館と同じ今井兼次の設計で、ステンドグラスから射し込む光が美しい。

館内は静かで薄暗く、奥の壁の十字架にかけられたパウロ三木、窓に飾られたステンドグラスなど、どれも厳かで神聖な雰囲気を感じさせる。

そうそう見ることのできない貴重な資料が並ぶ。

それではここで、施設の名称にも含まれる二十六聖人について触れておきたい。

二十六聖人とは、1597年2月5日、記念館が建つこの場所で、豊臣秀吉のキリシタン弾圧政策によって処刑された人々を指す。見せしめとして十字架にかけられ、槍で刺し抜かれて絶命したのだ。処刑から250年以上が経過した1862年、26名の殉教者は聖人となり、列聖100周年を記念して日本二十六聖人記念館、そして隣の聖フィリッポ教会が誕生した。

二十六聖人はアジアで最初のキリスト教殉教者であり、十字架にかけられた衝撃は世界中に伝えられている。400年以上も昔の歴史ではあるものの、この場所でそのような歴史的出来事があったことに驚きを隠せない。

この記念館はイエズス会が運営しており、聖ヨハネ・パウロ二世、教皇フランシスコも訪れるカトリックの公式巡礼所になっている。一般の観光客のみならず、カトリックの学校の学生が修学旅行で訪れるほか、韓国からは観光と巡礼を兼ねて来る人も多いそうだ。

身近なキリスト教について学ぶことができるだけでなく、理念や信仰を曲げないまっすぐな生き方、さらには、キリスト教迫害のもとで信仰を守り抜いた隠れキリシタンの人々の想いの強さなど、信仰、そして生き方についても考えさせられる記念館だ。

日本二十六聖人記念館
[住] 長崎県長崎市西坂町7-8
[電] 095-822-6000
[時] 09:00 ～ 17:00
[休] 年末年始のみ（12月31日～1月2日）
[料] 一般500円／中高学生300円／小学生150円

熊本県

47

水俣病歴史考証館

経済成長の陰に起こった水俣病。今も、そしてこれからも戦いは続いていく……

太平洋戦争の敗戦後、焼け野原から急速な経済成長を遂げた日本。経済は右肩上がりとなり、町には多くのインフラ施設が整い、大量生産・大量消費の時代に突入していった。しかし、その経済成長の陰では、環境汚染などによる公害病が発生していたことも忘れてはならない。

水俣病、イタイイタイ病、四日市ぜんそく、新潟水俣病という四大公害病が日本の社会問題になったことは周知の事実だが、熊本県水俣市にある「水俣病歴史考証館」では、今もなお続く水俣病の歴史を語り継いでいる。

熊本県南部に位置する水俣市。町の中心部から外れた閑静な丘の上に、その考証館はある。一般財団法人「水俣病センター相思社」が運営する施設であり、水俣病にまつわるさまざまな資料が展示され、訪問すればスタッフが懇切丁寧に解説してくれる。学校で教わりはしたものの、展示を見れば、現在でも水俣病の認定申請が行われていることや、被害を受けた患者のその後の人生に関することなどがわかり、改めて考えさせられる内容ばかりだ。

水俣湾を埋め立てる前に採取したヘドロには、有機水銀以外にもたくさんの重金属が含まれている。濃い緑色の毒々しい色合いだ。

水俣病の原因を突き止めるためにはネコが使われ、その実験に使われていた本物の小屋。この実験によって、水俣病の原因が工場の廃液によるものと判明した。

キノコ工場だった建物には、過去から現在までの水俣病にまつわる資料が並ぶ。認定申請が近年でも行われていることを示す記録を見ると、まだまだ水俣病は終わっていないのだと実感させられる。

古くは製塩業が盛んだった水俣市。ところが、日露戦争後には塩が専売制となり、失業者が出て土地が余ったことから、工場の土地を探していたチッソの創業者に掛け合い、誘致。その後、水俣の人口は増えていき、町はチッソの企業城下町となっていった。昭和7年に、チッソはアセトアルデヒドの製造を開始。ところが、その際に発生した有機水銀を排水したために、水俣湾に生息する魚や貝が汚染されてしまう。それを食べた人は手足の感覚が麻痺するなど、体にさまざまな症状が発生。その原因がチッソが排水したメチル水銀だと判明し、被害を受けた患者たちはチッソや国を相手に訴訟を起こした。

昭和48年に水俣病に関する初の裁判が終わり、相思社はその翌年に設立された。裁判で勝訴判決が出れば補償金は出るものの、患者たちのその後の生活を支えるために、相思社のような場が必要だったのだ。こうした背景で誕生したため、施設の建物にも独特の過去がある。現在の事務室は水俣病の診療所として作られた建物であり、資料が展示してある考証館は、患者たちが働くキノコ工場だったそうだ。なぜキノコ工場なのかと伺うと、キノコは重くないので患者たちの体に負荷がかかりにくいという理由だったとのこと。

館内には、地元の漁師が寄贈した水俣湾の漁業で使われていた船や、道具類、ネコ実験の小屋、抗議活動の様子を写した写真など、多くの関連資料が展示されている。その中でも、天井に吊るされている、チッソへの抗議の際に使われたゼッケンや〝怨〟の漢字が書かれた幟《のぼり》はインパクト絶大だ。

水俣から転居したあとに体に発生した

水俣病患者は、チッソに対して補償を要求すべく、チッソ水俣工場正門前にて204日間に渡る座り込みを行った。

座り込みを行った水俣病患者が身につけていたゼッケン。

症状が水俣病が原因ではないかなど、現在でも多くの相談が相思社に寄せられるほか、長きに渡り排水されたメチル水銀に関する問題も残されている。メチル水銀は鋼板で囲まれた状態で水俣湾に埋められたままなので、鋼板の腐食が進むことへの対応を考えなければならない。60年以上も昔に起こった出来事ではあるものの、まだ過去の話ではないことに驚かされる。

相思社では、水俣病の認定申請におけるサポート、資料整理、水俣のまち案内、環境学習を行うなど、その活動は多岐に渡っている。今も、そして今後も課題が残されている水俣病。我々が便利に過ごす日常の背後には、こうした犠牲が伴っていることを、改めて考えさせられる施設だ。

水俣病歴史考証館
[住] 熊本県水俣市袋34
[電] 0966-63-5800
[時] 09:00～17:00（日祝は10:00～16:00）
[休] 土曜／年末年始（12/29～1/4）
[料] 大人550円／高校生440円／小・中学生 330円

相思社は昔ながらの建物を使っており、どの建物もどこか落ち着く雰囲気。考証館を見学したあとは、こちらの広間でゆっくりさせていただいた。

大分県 48

一体なぜ!? 展示されてる剥製は、灯台に激突して亡くなった鳥たちだった

佐伯市水の子島海事資料館・渡り鳥館

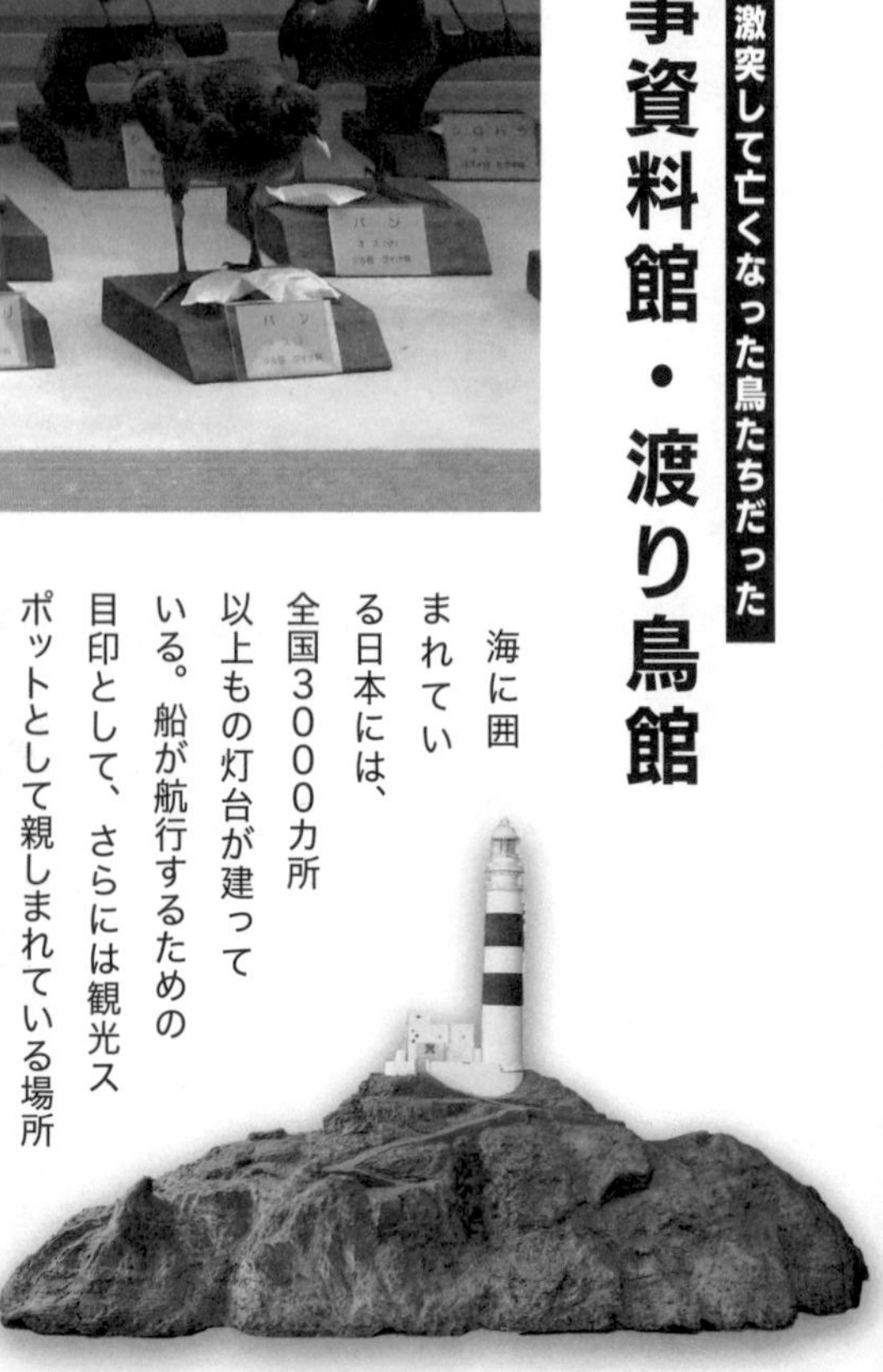

海に囲まれている日本には、全国3000カ所以上もの灯台が建っている。船が航行するための目印として、さらには観光スポットとして親しまれている場所がほとんどだが、九州には、灯台に衝突して亡くなった鳥の剥製を展示する「佐伯市水の子島海事資料館・渡り鳥館」という、実に珍しい博物館がある。

その博物館があるのは、大分県の南東部に位置する佐伯市。東にのびる鶴見半島を進んでいった小さな集落に佇んでおり、目の前には海が広がる。アクセス面ではなかなか難易度の高い場所だ。

木の置き物に掴まり、生き生きとした姿を見せる渡り鳥。川原さんは何を考えながら、これらの剥製を作っていたのだろうか。

ここには海事資料館と渡り鳥館の二つの建物がある。海事資料館には水ノ子島灯台の歴史や、灯台職員が暮らしていた部屋が残されており、渡り鳥館には灯台に衝突して亡くなった62種類、550羽の鳥の剥製が展示されている。資料館のある集落が漁師町だったこともあり、漁業関連の郷土資料も見られるものの、灯台職員が残し続けた気象記録、当時は逓信省の管轄だったことから郵便番号のマークが刻まれた瓦、そして建物は明治時代に御影石を用いて建てられた洋館という、よそでは見られないものだらけの資料館だ。

そうした珍しい展示の中でも、なにより気になるのが鳥の剥製だ。一体なぜ、水ノ子島灯台には鳥が衝突してしまうのか。

水ノ子島灯台は、明治36年、大分県佐伯市と愛媛県を結ぶ豊後水道の中間に位置する水ノ子島に建てられた。しかし、

ここが渡り鳥が飛び交うルート上だったことから、春と秋の渡り鳥のシーズンになると、鳥たちが衝突死するのだという。まだ周辺の陸地には明かりが無かったので、濃霧などにより視界が悪くなると、方向を見失った鳥が、灯台の光の周囲をグルグル回っているうちに誤って衝突してしまうというわけだ。

一晩で３５０羽落ちたこともあったそうで、それだけ多くの鳥が衝突死する灯台は日本でここだけ。しかし、周囲の陸地に明かりが増えたこともあり、現在はこのようなことはめったに起こらないそうだ。

渡り鳥館に展示されてる５５０羽の剥製は、水ノ子島灯台で職員をしていた川原忠武さんが22年間勤務していた際に作成したもの。灯台を管理する仕事の傍ら、日々、亡くなった鳥たちの剥製を作り続けていたのだ。川原さんが作った剥製の数は不明であり、渡り鳥館に展示されている５５０羽はその一部に過ぎない。

カモメ、ウグイス、タカなどさまざまな種類の鳥が並んでいる一方、シラサギのようにまったく衝突しない鳥もいるというから不思議だ。どの鳥も、今にも動き出しそうなほど精巧に作られているが、衝突死したという背景があるだけに、妙に切なさを感じずにはいられない。

灯台職員が滞在していた当時、水ノ子島には釣り人も訪れていたが、灯台の自動化に伴い無人となり、現在は海上保安庁の管轄となっている。資料館からは14・５㎞離れた海上に建っているものの、天気が良ければ資料館から

1

2

1.水ノ子島灯台で職員をしていた川原忠武さん。渡り鳥館では、剥製を作っている様子を写した写真がみられる。／**2**.建物は当時の逓信省の管理下にあったため、屋根瓦には郵便マーク「〒」が見られる。

肉眼で確認することができる。

鳥の剥製は多くの博物館で展示されているが、「灯台に衝突死した鳥」というのは実に珍しい。閑静な集落に佇むアットホームな場所であり、スタッフが懇切丁寧に、世にも不思議な灯台にまつわる話を教えてくれる。灯台一つとっても、全国を探せば不思議な場所があるものだ。

佐伯市水の子島海事資料館・渡り鳥館
［住］大分県佐伯市鶴見大字梶寄浦537-1
［電］0972-34-8855
［時］09:30 ～ 16:30
［休］火曜日・水曜日（祝日の場合は翌日）
［料］大人200円／小・中学生100円

鹿児島県

49

万世特攻平和祈念館

終戦間際の突貫工事！

多くの特攻隊員が飛び立った〝幻の飛行場〟の物語

日本の長い歴史を語る上で、欠かすことのできない大きな出来事である太平洋戦争。特に、戦闘機で敵艦隊に突撃する〝特攻〟は、あまりにも衝撃的な作戦であり、今でもテレビや映画などで取り上げられるテーマだ。前作『世にも奇妙な博物館』で触れた「知覧特攻平和会館」など、特攻にまつわる施設は全国に点在するが、鹿児島県にある「万世特攻平和祈念館」は、〝幻の特攻基地〟といわれた万世飛行場の歴史を語り継ぐ、知られざる博物館だ。

薩摩半島の南西部に位置する南さつま市。ここには、昭和20年の3月から7月まで、わずか四カ月しか稼働しなかった幻の特攻基地・万世飛行場があった。今はその飛行場の形跡はないものの、平和を祈念する施設がひっそりと佇んでいる。

隊員たちの練習機だった〝赤とんぼ〟をイメージした館内に入れば、一階には南さつま市の沖で引き上げられた旧日本海軍の飛行機が丸々一機展示されており、二階にある模造の営門をくぐった先には、万世飛行場に関わり戦死した201名の隊員たちの遺影、遺書、さらには遺品などが展示されている。

万世飛行場の建設が始まったのは昭和18年の夏。戦局の悪化で本土外の飛行場が機能不全となり、飛行場が不足したことから、万世の地で極秘に建設が始まった。中国人

昭和59年に発見された、万世の沖で海没していた海軍機。戦後から47年もの年月が経過していたものの、保存状態は良好だった。

の捕虜、朝鮮人労働者などを動員し、吹上浜に広がる松林を伐採、さらにはトロッコにより地盤強化のための山砂利を押し運ぶなどの作業を経て、昭和19年8月に完成。滑走路が凸凹の状態のまま完成したほど、急ピッチの突貫工事だった。

完成した飛行場からは、〝子犬を抱いた少年兵〟の写真で有名な荒木幸雄伍長を含む多くの特攻隊員や飛行兵たちが、沖縄の戦地へと飛び立った。

戦後、以上の経緯で誕生した飛行場は姿を消したが、万世の地に祈念館ができたのは、飛行第66戦隊員として万世飛行場に関わった苗村七郎さんの想いからだ。終戦後に仕事で万世を訪れた時、この地に飛行場があった痕跡がまったく残されていないことに対し、胸に迫るものがあったという苗村さん。多くの人に協力を仰いで慰霊碑を建立し、さらには、遺族に手紙でコンタクトを取り、遺品を寄贈していただいた。そして、それらを安置する遺影堂の建立を経て、平成5年に祈念館が開館した。

苗村さんの想いがなければ、こうして祈念館が建てられ、万世の地に特攻基地があった歴史が語り継がれることはなかったかもしれない。

祈念館の二階に展示してある資料は、そうした歴史を伝える大変貴重なものばかり。201名の遺影が時計回りで展示されており、遺影に併せて、両親や娘に宛てた遺書、写真などが並ぶ。隊員たちの年齢は20歳前後と大変若く、そのまっすぐな目を見るたびに、どのような想いで戦地に向かったのか、そして、隊員たちが勇敢に戦った歴史の地続きで今の私たちがあることなど、さまざまなことを考えてしまう。

慰霊碑が建てられた昭和47年に始まった慰霊祭は現在でも続いている。遺族や万世飛行場に関わった方々が、亡くなっ

1

3

2

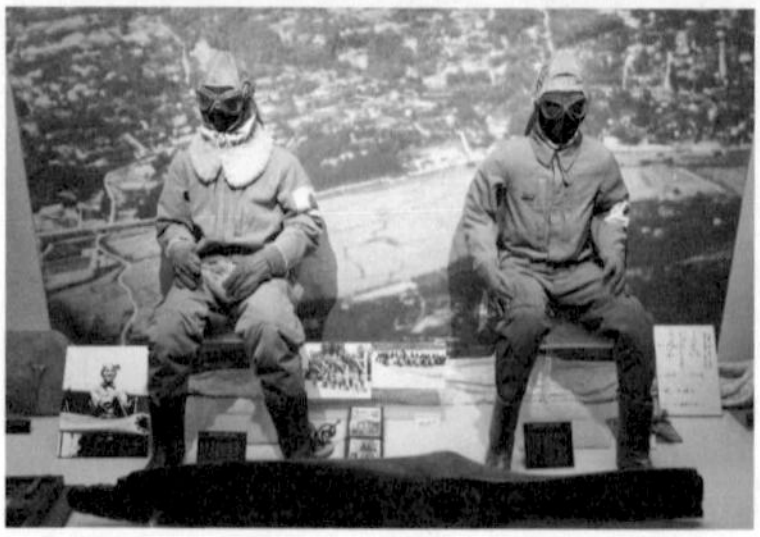

4

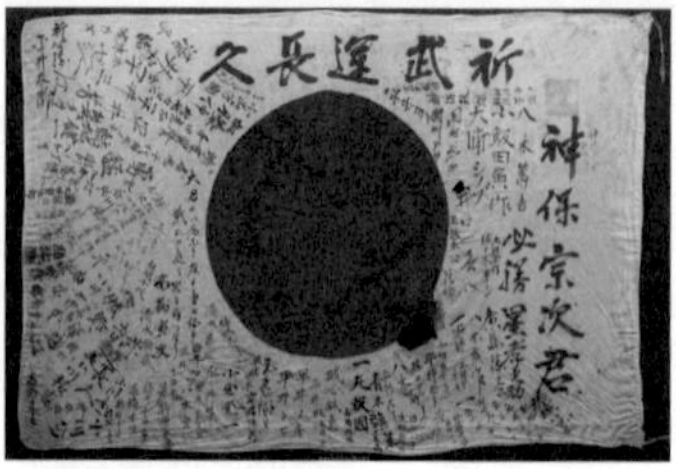

1.万世飛行場は突貫工事で作ったために、滑走路はデコボコ。そのために、離発着には車輪がしっかりした九九式襲撃機が用いられた。／**2**.遺族から寄贈された軍装や水筒、軍隊手帳など、特攻隊員たちが身につけていた遺品も多い。／**3**.祈念館の外にある慰霊碑に見られる特攻隊員は、体は特攻を行った沖縄を向きつつ、視線は靖国神社、そして隊員たちの故郷である北海道や本州を向いている。／**4**.血染めの日の丸に書かれた寄せ書き。館内には、強い意志を示すために自らの血を用いた血書も展示されている。

た隊員たちを弔い、彼らの生き様を後世に伝えている。

わずか四カ月だけ使われた幻の飛行場であるものの、一人の元隊員の想いから語り継がれるようになった万世飛行場の歴史。その地では、国のために戦地へと飛び立った特攻隊員たちの知られざる物語が、今も語り継がれている。

万世特攻平和祈念館

[住] 鹿児島県南さつま市加世田高橋1955-3
[電] 0993-52-3979
[時] 09:00～17:00（入館は16:30まで）
[休] 12月31日／1月1日
[料] 大人（高校生以上）310円
小人（小・中学生）210円

沖縄県

50

絶望の中で戦い続けた兵士たちの爪痕……
地下壕が物語る沖縄戦の記憶

旧海軍司令部壕

美ら海水族館、首里城公園などの見所が多く、毎年多くの観光客が訪れる沖縄。しかし、かつて勃発した太平洋戦争のさ中には、一般県民をも巻き込み、県民の4人に1人が犠牲となった沖縄戦が繰り広げられた場所でもあった。それゆえ、慰霊碑や住民たちが身を隠した防空壕跡など、県内には沖縄戦の歴史を語り継ぐ施設も多い。

　那覇空港から車で15分ほどの場所にある海軍壕公園は、沖縄の中心部を３６０度見渡せる高台にあり、戦時中は海抜74mの高地にあることから〝74高地〟と呼ばれていた。その地下には海軍の司令部となった壕が残っており、現在は一般公開されている。

「旧海軍司令部壕」は資料室と地下壕が合わさった施設であり、資料室には地下壕から発掘された手榴弾、銃剣などの武器のみならず、注射器や体温計などの資料が並ぶ。壕の中で自決する前に生まれたばかりの子どもに残した遺書や、館内に展示されている沖縄戦の様子を撮影した写真には胸が痛む。

　太平洋戦争末期、アメリカ軍との県民を巻き込んだ地上戦は多くの悲劇を生んだ。陸軍と海軍を合わせて11万8千人の兵力だった日本に対し、沖縄に送り込まれた米兵は54万8千人。船や武器も不足していたために戦力差は圧倒的だった。それゆえ沖縄県民も戦地へと送られ、住民たちが逃げ込んだ防空壕には手榴弾が投げ込まれ、火炎放射も浴びせられた。なすすべなく集団自決まで起こるなど、毎日が地獄だった。

　小禄海軍飛行場（現那覇空港）のそばにあった司令部も、空襲が激しくなったことで内陸部へ移動。周辺が見渡せる74高地で、３０００人もの設営隊が5カ月かけて壕を掘り続け、拠点を構えた。とにかく本土決戦を長引かせるために、持久戦に持ち込んだのだ。

受付から階段を下りれば、当時の痕跡を多く残した壕を歩くことができる。カマボコ型に掘られた横穴は、コンクリートと周辺から伐採した松の木で固められ、4000名がこの中で立ったまま休憩や仮眠を取っていたそうだ。手作業で掘ったツルハシの跡や、手榴弾による自決の跡、大田實《おおたみのる》中将が壁に書き残した文字などもそのまま残っており、当時の状況がリアルに伝わってくる。

壕からは、ヤリを持って次々と戦地へと赴いた。圧倒的な戦力差であり、絶望的な状況下で戦い続けた人たちのことを想うと、無念さとともにさまざまな感情が溢れ出てくる。

米兵の猛攻により、司令官の大田實中将はじめ幹部6名は、壕の内部で拳銃で自決。戦後、この壕では数度に及ぶ遺骨収集が行われ、遺骨以外にも多くの資料が見つかっている。

やがて、この悲惨な戦争を後世に伝えていきたいと、県内では戦争に関わる現物を残すための運動が起こる。まだ祖国へと復帰する前の琉球政府は観光開発事業団を創り、その第一号としてこの施設が作られた。

大きく宣伝されているわけではないが、口コミで多くの人が訪れるそうだ。一般客以外には、市内の小中学生が平和学習として、さらには在沖の米海兵隊員たちも戦史教育の一貫として訪れるとのこと。

壕の全長は450mで、そのうちの300mが公開されている。未公開部分では現在も発掘調査が行われており、今なお遺骨や資料が見つかり続けている。戦争から80年近くが経過しているものの、今もまだ、戦争は終わっていないのだ。

壕内の至るところに見られるツルハシの跡。その一つ一つが、海軍隊員たちが掘り続けた生々しい痕跡だ。

壕内の幕僚室に残された、幕僚が手榴弾を抱いたまま自決した弾痕の跡。こちらも、ツルハシと同様に当時のまま残されている。

施設のそばには、全て県民の寄付金で賄われた慰霊塔が建てられており、現在でも大田實中将が自決したとされる6月13日に慰霊祭が行われている。

1

2

3

1.壕を掘った際に使われた本物のツルハシ。これで掘っていったとは、想像しただけで過酷さが伝わる。／**2**.壕内で見つかった、銃剣。銃の先端に取り付け、槍のような戦い方ができる武器だ。／**3**.隊員たちが服用していた正露丸。／**4**.隊員たちが身に付けていた名札。／**5**.赤十字のマークから、救護用品が入っていたと思われる。

旧海軍司令部壕

[住] 沖縄県豊見城市字豊見城236番地
[電] 098-850-4055
[時] 09:00～17:00(入館は16:30まで)
[休] 年中無休
[料] 大人（高校生以上）600円
小人（小・中学生）300円

4

5

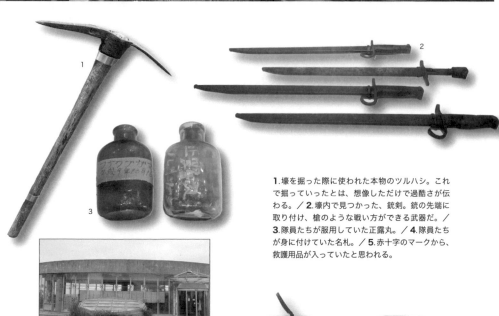

あとがき

前作の本を出版したのは、2021年8月。それまでは、ブログとSNSでしか博物館の発信ができていなかったが、本を出してからは、テレビやラジオ、さらには雑誌や新聞などさまざまなメディアに取り上げていただいた。出版をきっかけに、活動範囲が大きく広がることになった。

また、出版後に掲載した博物館を再訪問した時には、「丹治さんの本を見て、掲載されている博物館を巡っている方がいらっしゃいましたよ!」という声を聞けたことも!

それから1年ほどが経った2022年の6月に二冊目の話をいただき、再び全国の博物館を取材する日々が幕を開けた。北海道から沖縄まで、休日を使いながらの取材旅。前作同様に、どの博物館も実に興味深いテーマを扱っており、皆さんの熱意溢れる説明を聞くたびに、博物館巡りの楽しさ、そして博物館を多くの人に発信するやりがいが、さらに深まっていった。

前作と合わせ、100カ所以上の博物館を紹介したが、本書で紹介した場所以外にも、紹介したい博物館はまだまだたくさんある。それゆえ、これからもたくさんの博物館を訪問し、さまざまな手段で博物館の魅力を発信し続けるつもりだ。

特に優先度の高い場所は、できる限り早く行っておきたい。

今でも新しい博物館が開館する知らせを受ける一方、閉館する知らせも多い。実は今回も、掲載する予定だった施設が出版前に閉館してしまった、なんてこともあった。一番ショックだったのは、愛知県名古屋市にあった「横井庄一記念館」が2022年に閉館したこと。太平洋戦争の終戦を真に受けず、

28年間グアムに潜伏し続けた横井さんの生き様を語り継ぐ記念館。自宅の一室を公開し、奥さんである横井美保子さんが館長を務めていた。博物館巡りを始めたばかりの頃に訪問し、あの記念館で横井さんの生き様を学んだことや、美保子さんと交流したことが今の活動に大きな影響を与えていただけに、無念でならなかった。

行きたいと思った場所に行けないまま閉館を知るのは避けたいし、歳とともに博物館巡りに必要な体力も落ちてくる。私は36歳であり、今のように車中泊をしながら全国を巡ることは厳しくなってくるかもしれない。それゆえに、今はちょっと無理をしてでも巡り続けていきたい。

ちなみに、よく「海外の博物館にも行ったりしないのか？」と言われることもあるが、関心はあるものの国内だけで精一杯なので、今は考えていない。

発信手段としても、今まで巡った博物館を同人誌にまとめてイベントで出展したりなど、これからもやりたいことは無限にある。この活動をいつまで続けられるか、そもそも自分の人生がいつ終わりになるかはわからないのだから、生きている限りは続けるつもりだ！

最後に改めて、出版するにあたって取材に協力していただいた博物館の方々、さらには、取材中に出会った来館者の方々、そして今回出版の機会を与えてくださったみらいパブリッシングの松崎社長、本当にありがとうございました。

そして、この本を手にとっていただいた全ての方に、心より感謝申し上げます。

博物館マニア　丹治俊樹

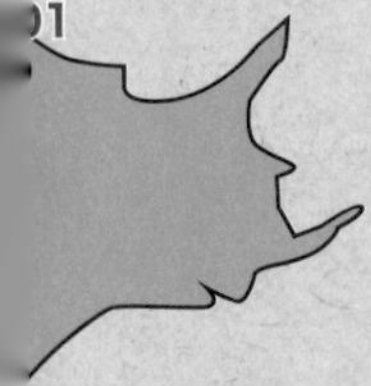

20 南砺バットミュージアム

21 金沢蓄音機館

22 日本自動車博物館

23 深田久弥 山の文化館

24 人道の港 敦賀ムゼウム

25 ポール・ラッシュ記念館

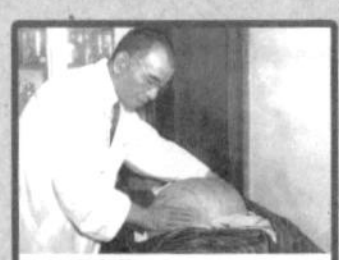

26 昭和町
風土伝承館杉浦醫院

27 松本市時計博物館

28 日本ラジオ博物館

29 名和昆虫博物館

30 浜松市楽器博物館

31 鳥羽市立海の博物館

32 舞鶴引揚記念館

33 漢検・漢字博物館
図書館

34 中山修一記念館

35 昭和レトロ情景館

36 ビートルズ文化博物館

37 世界の貯金箱博物館

38 野島断層保存館

39 町家物語館

40 稲むらの火の館

41 児島学生服資料館

42 長島愛生園歴史館

43 岩国シロヘビの館

44 周南市回天記念館

45 鳴門市ドイツ館

46 宇和米博物館

47 門司電気通信レトロ館

48 TOTOミュージアム

49 佐賀
バルーンミュージアム

50 音浴博物館

51 長崎市永井隆記念館

52 天領日田洋酒博物館

53 知覧特攻平和会館

54 対馬丸記念館

55 不屈館

01 北海道立オホーツク流氷科学センター

02 平取町立二風谷アイヌ文化博物館

03 八甲田山雪中行軍遭難資料館

04 東日本大震災津波伝承館

05 東松島市震災復興伝承館

06 大潟村干拓博物館

07 なまはげ館

08 田沢湖クニマス未来館

09 舞娘茶屋 相馬楼

10 天童市将棋資料館

11 大麻博物館

12 金谷ホテル歴史館

13 重監房資料館

14 学校給食歴史館

15 白井そろばん博物館

16 都立第五福竜丸展示館

17 海上保安資料館横浜館

18 錦鯉の里

19 氷見昭和館

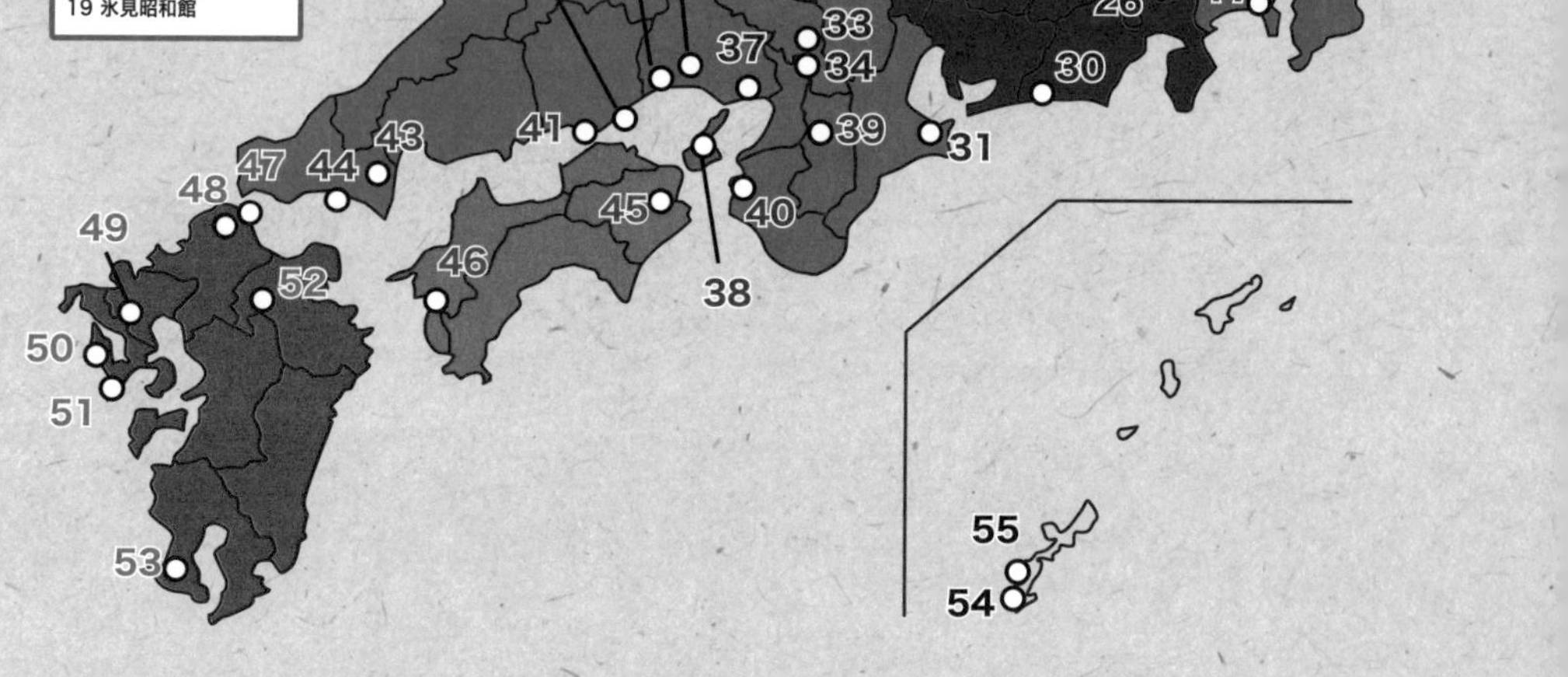

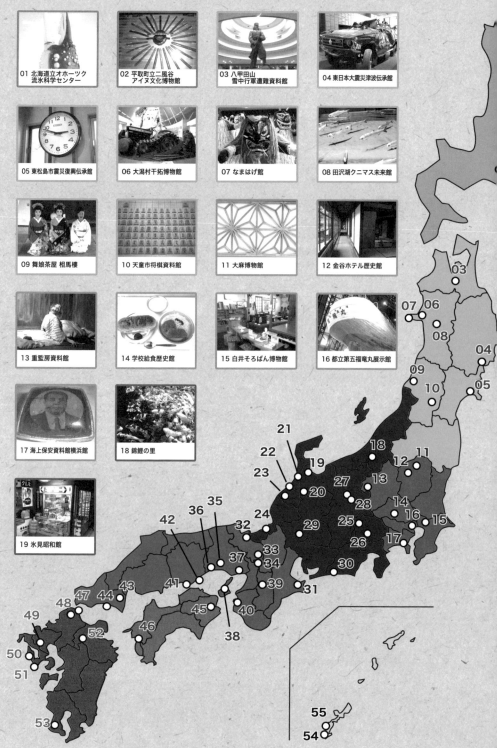

The Wonder Museums TANJI's SELECTION

丹治 俊樹（たんじ・としき）

博物館マニア・「知の冒険」主宰者

好奇心の赴くままに、全国の知られざるスポットを発掘・取材し、発信している知の伝道師。本業であるフリーエンジニアのかたわら、「読者の視野を広げる」をコンセプトに、ブログ「知の冒険」を運営している。博物館が好きすぎて、これまでに訪れた博物館は1100館以上。2021年、半年間かけて取材した全国のコアな博物館を紹介した書籍『世にも奇妙な博物館』を出版し、大ヒット。テレビ、ラジオ、雑誌などの多くのメディアを通して、日々博物館の魅力を発信している。

ブログ「知の冒険」：https://chinobouken.com
X（旧 Twitter）：@chinobouken1

掲載の博物館情報は発行時のものです。
ご利用時には直接博物館に確認されることをおすすめします。

世《よ》にも至宝《しほう》な博物館《はくぶつかん》
後世《こうせい》に遺《のこ》したい50のみらい遺産《いさん》

ビジュアルガイド シリーズ

2023年10月16日　初版第1刷

著　者　丹治俊樹
発行人　松崎義行
発　行　みらいパブリッシング
〒166-0003 東京都杉並区高円寺南4-26-12 福丸ビル6F
TEL 03-5913-8611　FAX 03-5913-8011
https://miraipub.jp　MAIL info@miraipub.jp
編　集　よしのまどか
ブックデザイン　洪十六
発　売　星雲社（共同出版社・流通責任出版社）
〒112-0005 東京都文京区水道1-3-30
TEL 03-3868-3275　FAX 03-3868-6588
印刷・製本　株式会社上野印刷所

ISBN978-4-434-32754-4 C0076